Mein Milljöh

Neue Bilder aus dem Berliner Leben von

H. Zille.

Mit einem Vorwort
von
Georg Hermann

KOMET

Heinrich Zille.

Viele waren erstaunt, wenn ich ihnen sagte, daß Zille keineswegs ein junger Mensch wäre, so irgend ein Illustrator der plötzlich mit 20, 25 Jahren nett und liebenswürdig in die Kunst hineinspringt und nun eine Weile mit mehr oder minder Glück in ihr weiter schwimmt. — Sondern daß er ein Mann wäre, der heute schon eine Reihe von Jahren die Fünfzig überschritten hat, und der erst in einem Alter sich die Beachtung der Öffentlichkeit errang, in dem die Kunst der meisten schon längere Zeit in gelindem Trab bergab geht. So scheint es doch, als ob die Kunst Zilles keine erlernte, vererbte, angeflogene Sache ist, sondern etwas, das im Laufe eines Lebens erworben ist, und das reif und fertig vor die Öffentlichkeit trat, nur noch befähigt, sich zu verstärken und zu modulieren. Ja — wird man fragen — wie kommt es denn, daß man von Zille früher nichts gesehen hat? Sonst durchläuft doch ein Künstler Akademien oder Kunstgewerbeschulen, beteiligt sich früher oder später an Ausstellungen, und irgendwie, ob von vielen oder wenigen beachtet, wird sein Name genannt. Nun — Zille war eben bis vor einem Jahrzehnt oder bis vor noch kürzerer Zeit nicht Künstler von Beruf, sondern er war Arbeiter, Ätzer für Kunstdruck; stand künstlerischen Dingen nahe, ohne ihnen doch anzugehören. Aber mit unseren Besten, vor allen den Malern und Bildhauern der Sezession, hat Zille schon lange Freundschaft verbunden, bevor die Öffentlichkeit irgend etwas von seinem Schaffen erfuhr.

Die Anregung zum Zeichnen gewann er ziemlich jung auf seltsame Art.

Er war als Schüler in einem Abendkurs viel mit dem alten Zeichner Hosemann zusammen und der hatte all seine prächtigen Arbeiten sorgsam gesammelt und in einem großen Schrank, nach Jahren geordnet, verwahrt. Zille hat oft Gelegenheit genommen, sie in der Wohnung des Künstlers zu betrachten und zu studieren; diese Dinge sind ihm unvergeßlich geblieben und an ihnen erwachte in ihm die Lust, selber so etwas zu machen. Durch sie hat er sich zum Zeichner erzogen. — Es ist seltsam, daß, wer feine Augen hatte, das erkannte, als nach langen Jahrzehnten plötzlich die zeichnerische Begabung Zilles elementar hervorbrach. Aber was Zille gibt, ist doch wiederum himmelweit entfernt von den liebenswürdigen biedermeierlichen Blättchen des alten

Berliners, ist ganz sein Eigentum, — mit nichts vergleichbar, — keinem Künstler ähnlich, und bisher auch von keinem Künstler mit Glück nachgeahmt.

Ich möchte es mit einer apodiktischen Sicherheit behaupten, daß die Kunst Zilles sehr hoch steht — nicht vorüberhuschend ist — nicht aus dem Tag geboren, für den Tag bestimmt und mit ihm vergehend, sondern daß sie — was bis heute nur wenige glauben — Museumskunst ist, und daß die Arbeiten Zilles (nicht alle Arbeiten, aber sehr viele) dem besten ebenbürtig sind, das bei uns in Berlin geschaffen wird und wurde.

Schalten wir mal alles Erzählende, alles Anekdotische, alles Witzige bei ihm aus, so bleibt ein zeichnerisches Können von höchsten Graden — ein Darstellungsvermögen von stärkster Kraft, bleibt künstlerischer Geschmack, von ernster und vornehmer Erziehung. Zille ist Expressionist im reinsten Sinne, indem er es versteht, tausendmal besser wie die, die sich dessen rühmen! — Das Wesen eines Menschen, eines Raums, eines Zimmers, einer Landschaft, einer Beleuchtungsart mit den einfachsten Mitteln in schlagendster und überzeugendster Weise zum Ausdruck zu bringen — so zum Ausdruck zu bringen, daß man das Gefühl hat, man sieht es zum ersten Mal — hat es nie vorher bewußt gesehen. Seine Zeichnungen scheinen ganz Natur. Und doch ist die Natur in ihnen vollkommen überwunden — ist völlig zum Erinnerungsbild geworden — zu einem Erinnerungsbild, das die Natur eben erhöht und vertieft.

Wie macht Zille denn seine Studien?

Nun — er geht auf der Straße hinter irgend einer Arbeiterfrau her und sieht, wie ein schlampiger, ausgefranster Rock sich um die Formen legt, sich beim Gehen ryhtmisch bewegt.

Er umfaßt die ganze Gestalt mit den Blicken; — vielleicht, daß er dieselbe Frau in derselben Gegend Berlins noch einmal trifft — wieder ihr ein paar Schritte unbemerkt folgt, um dann in einen Torweg zu treten und mit fünf, acht, zehn Strichen die Formel für diese Frau, diesen Menschentyp, niederzuschreiben. Und auch diese Formel wird dann in der Zeichnung nicht übertragen, sondern aus einer Unsumme von Erinnerungsbildern kristallisieren sich für ihn Menschen und Umgebung heraus.

Und grade wie er Menschen und Umgebung zusammenbringt, das ist künstlerisch von höchstem Reiz. Wundervoll — wie er jede Umgebung mit geringsten Mitteln charakterisiert, ob das Hof, Destille, verschneite Straße, Bauplatz, Armeleutewohnung, verkommende oder kleinbürgerliche Armut, Park oder Schmuckplatz, Keller oder Dachkammer ist; — und wie er immer die Nuancen für die Bewohner trifft! — Das kann gar nicht mehr überboten werden.

Etwas sehr Hübsches sagte mir eine Dame über Zilles Blätter: „Sie sind oft gedrängt voll von Menschen, aber man hat nie das Gefühl, daß sie mit Figuren überfüllt sind, weil jede Figur eine Funktion hat, genau an der richtigen Stelle steht, — weil nie eine Figur im Ganzen untergeht, sondern jede ein Eigenleben führt."

Ich bin manchmal der Behauptung begegnet, daß Zille sich wiederhole.

Nun ja — er bleibt fast stets mit seinen Menschen unterhalb einer gewissen Steuerstufe; aber er wiederholt sich nicht. Er hat auch seine bestimmte Handschrift, eine rundlich-starke Kalligraphie, mit der er die Dinge hinschreibt, die sein ureigenstes künstlerisches Eigentum sind. Aber — und darauf kommt es an! — er ist trotzdem nie der gleiche, weder in den Ausdrucksmitteln, noch in dem, was er sagt. Hunderte und Hunderte von verschiedenen Figuren und Wesen ziehen in der laterna magica seiner Kunst vorüber, himmelweit voneinander entfernt — die erste von der letzten — und alle sind stets wieder neu gesehen.

Man überzeuge sich nur einmal, wie bei ihm Menschen sitzen, stehen, gehen, wie Zille für jede Altersstufe die Formel findet, von der mieckrigen Unterernährtheit skrofulöser Kinder bis zur schönen Schlankheit junger Arbeitsburschen, junger Mädchen, bis zum Auseinanderquellen der Hökerfrauen und der armseligsten Verhutzelung des Alters.

Wer Sinn für die menschliche Figur hat, der betrachte mal, wie bei Zille solch Arm im Gelenk sitzt, wie eine schwere Hand sich auflegt oder wie ein Schenkel sich biegt. Auch die scheinbar stärkste Vereinfachung hat bei Zille noch ein Fundament von Können, wie es nur ganz guter Kunst eigen ist.

Aber man wird sich vielleicht wundern, daß hier so wenig der Versuch gemacht wird, die Sphäre zu umschreiben, die uns durch die Zillesche Kunst erschlossen worden ist. Genug: Es geschieht einfach deshalb — weil sie selbst es ja viel besser getan hat, als meine Worte es können, und weil sie jedem, der dies Buch durchblättert, so greifbar vor Augen steht, daß es keiner Kommentare mehr bedarf.

Nur eines lasse man mich noch erwähnen:

Man hat die Zillesche Kunst, seinen Witz, den wundervoll schlagenden Witz, den er zur Erklärung seiner Blätter hinzufügt, oft als roh verschrien, — als herzlos, brutal und schneidend. Nun — ich muß bekennen, daß ich selten ein falscheres Urteil gehört habe; gerade das Gegenteil davon ist richtig. Keine Kunst, die zum Lachen führt, ist aus tiefstem Sozialempfinden geboren. Man hat sich ferner gewundert, wie es kommt, daß dieser Mann, der doch oft Großen gegenüber so hart ist, ein so entzückender Schilderer von Kindern ist — verliebt, wie es nur ein Großvater sein kann — in die tausendfachen Abstufungen dieser kleinen, krummbeinigen, quarrschnutigen und doch wieder so drolligen Proletarierkinder. — Ob solch Wurm zwei Jahre alt ist oder ob es solch ein kleiner schlanker Bengel von neun, zehn Jahren ist, immer liest man die helle Freude heraus, mit der Zille diese jungen Formen hinschrieb. Und mögen ihre Träger auch inmitten der ärgsten Jämmerlichkeit in Dachstuben, auf schmutzigen Höfen hausen. — Ja, versteht man denn nicht, wie durch all seine Blätter stets wieder nur der eine Schrei geht: Aber die Kinder! Aber die Kinder! — Da ist dieses wundervolle, junge, oft noch unverdorbene Menschenmaterial, alles kann aus ihnen werden, alles! — gesunde, glückliche, kräftige Menschen. Aber Armut und Elend, schlechte Wohnungen, Laster und Alkohol machen das daraus, was ich euch hier zeige! — All diese Großen, die Ihr bei mir seht, sie waren ebenso wie diese Kinder!

Gewiß — wenn man wie Zille als reifer Mann zu seiner Kunst kommt, dann ist man kein Ankläger mehr, wenigstens nicht der Ankläger mit pathetischen Geberden. — Dann hat man gesehen, daß auch die Letzten und Niedrigsten und die vielen hundert Stufen über ihnen, — bis wir zu denen kommen, die auf dieser Welt ein gesichertes Leben haben, — daß auch sie den Ausgleich mit der Welt finden, und daß auch über ihrem Dasein goldene Lichter spielen.

Und Zille gibt nicht ihre Tragödien, sondern er gibt ihren Ausgleich mit der Welt.

Selten ist Zille Kläger. Wenn er es aber ist, so wirkt er doppelt überzeugend dadurch, daß er meist einem Kind die Worte in den Mund legt; das selbst nicht weiß, was für eine letzte grausige Wahrheit es ausspricht.

— —

Vielen Tausenden wird dies Buch in die Hände kommen, und viele Tausende werden an ihm Freude haben. Aber über die äußere Freude an Witz und Inhalt mögen sie nicht vergessen, daß die Kunst Zilles zu dem Besten, Stärksten, Ehrlichsten gehört, das in Berlin geschaffen wird, und außerhalb des Tagesgetriebes gewertet werden muß.

Grunewald, November 1913.

Georg Hermann.

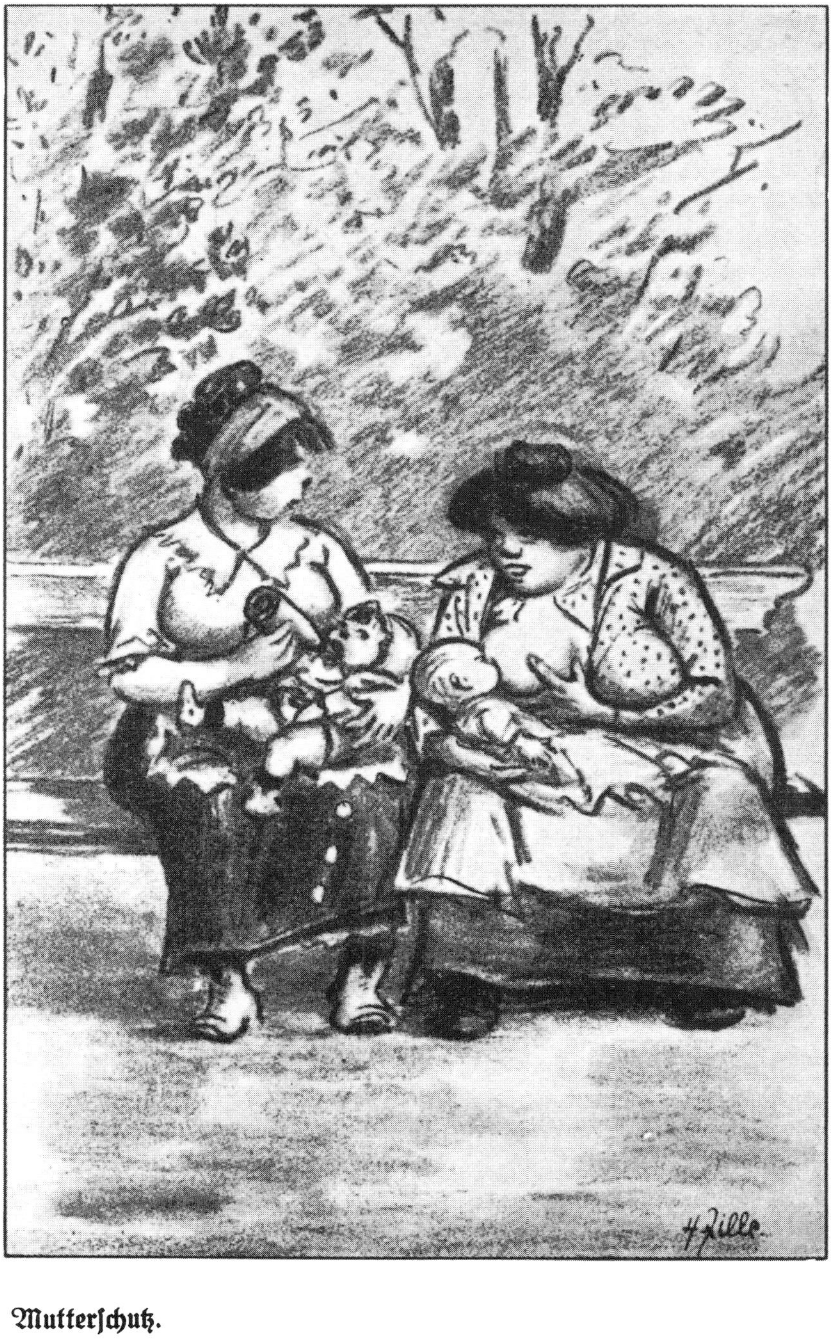

Mutterschutz.

„Brust jeben Sie der Kleinen jarnich?“
„„Ick wer mir doch nich die Figur verderben!““

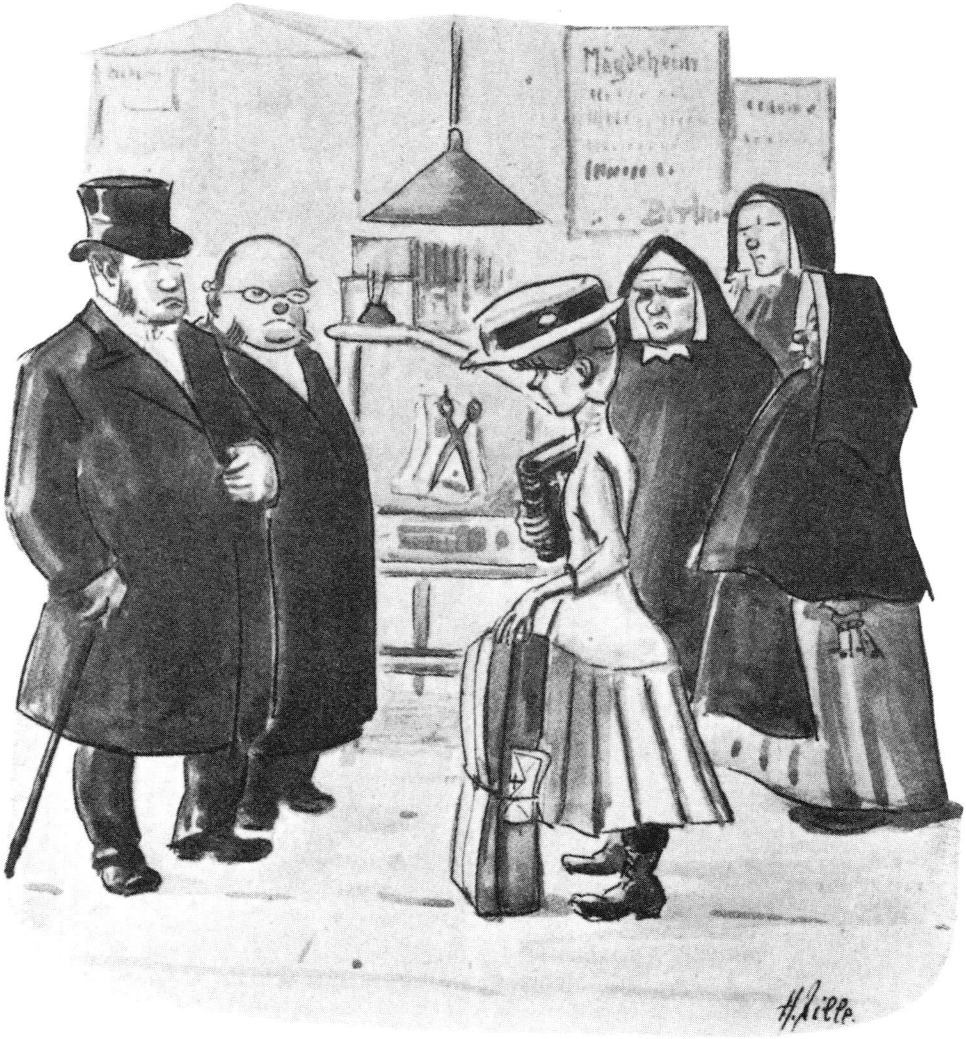

Aus der „Fürsorge“ entlassen.

„Na Alwine, hast du noch einen Wunsch?“

„„Mit ner modernen Kluft möcht ich bei mein' Verhältnis antreten, enges Kleed und Bluse mit Oberlicht, Herr Direktor!““

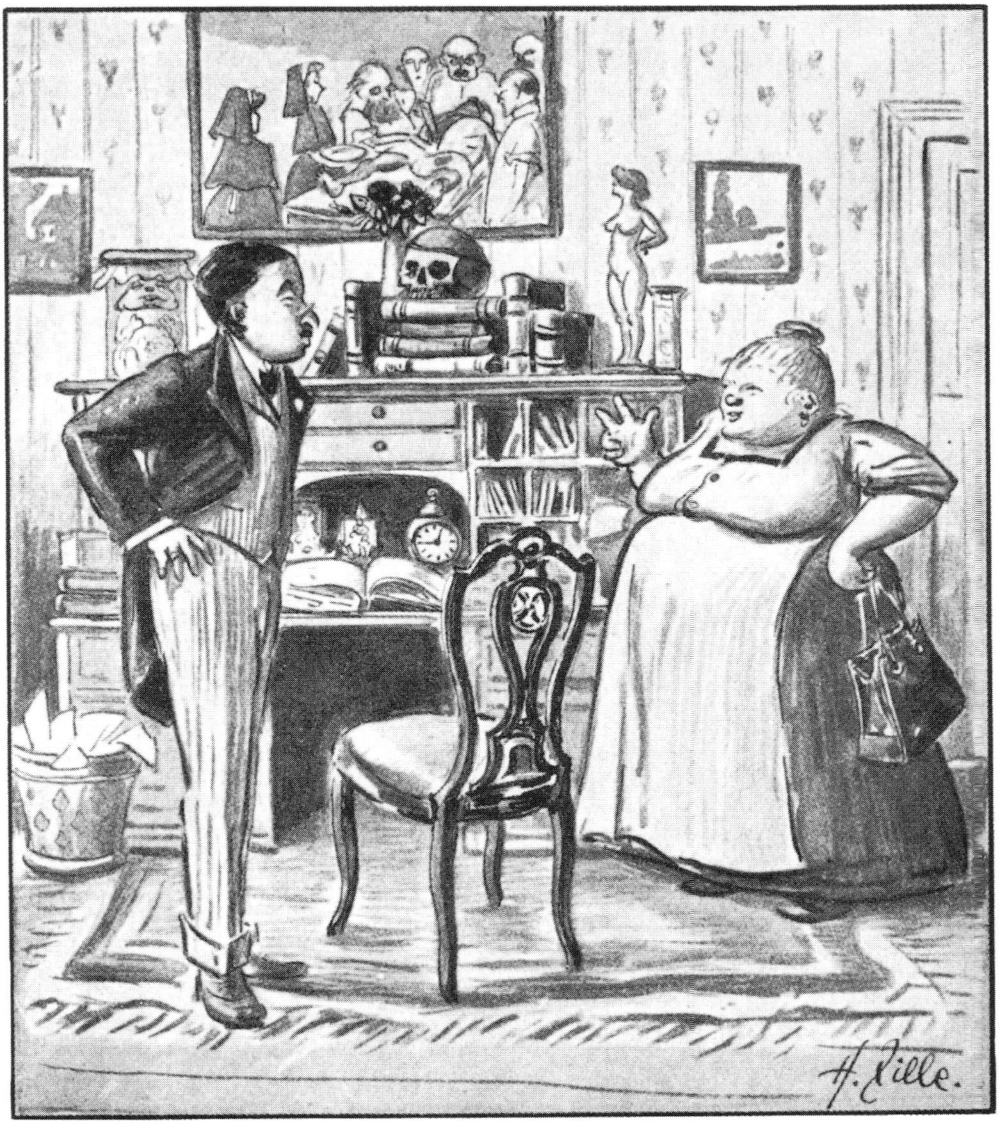

Beim Kassenarzt.

„Liebe Frau, am besten wäre es, Ihre Schwägerin käme selbst zu mir, — hat sie vielleich Würmer?“

„„Jawohl, — Herr Doktor, drei Stück, un det vierte is unterwejens!““

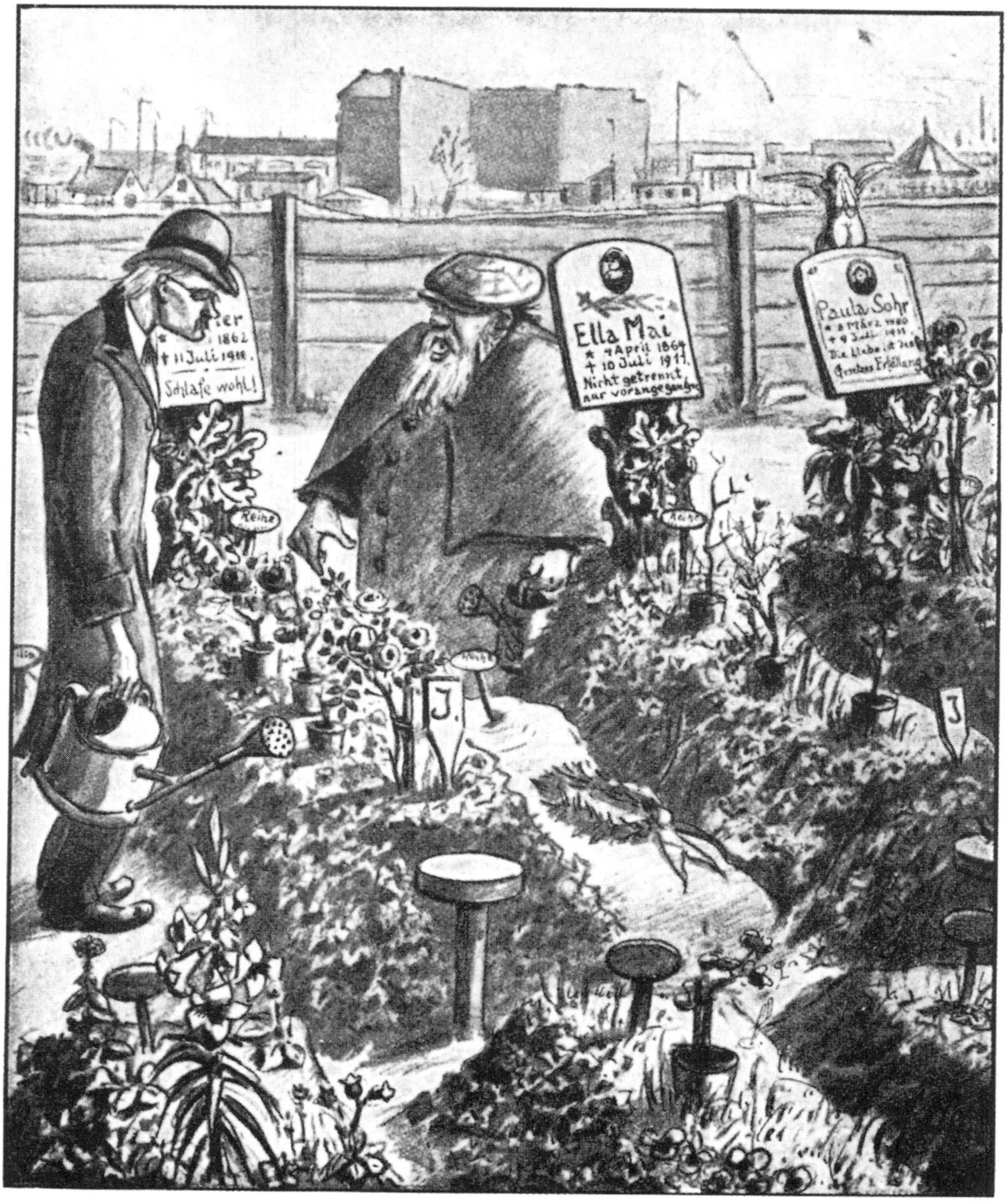

Streit auf dem Kirchhof.

Der Kurzsichtige: „Nu hab ich zwei Jahr ein *fremdes Jrab* begossen!“

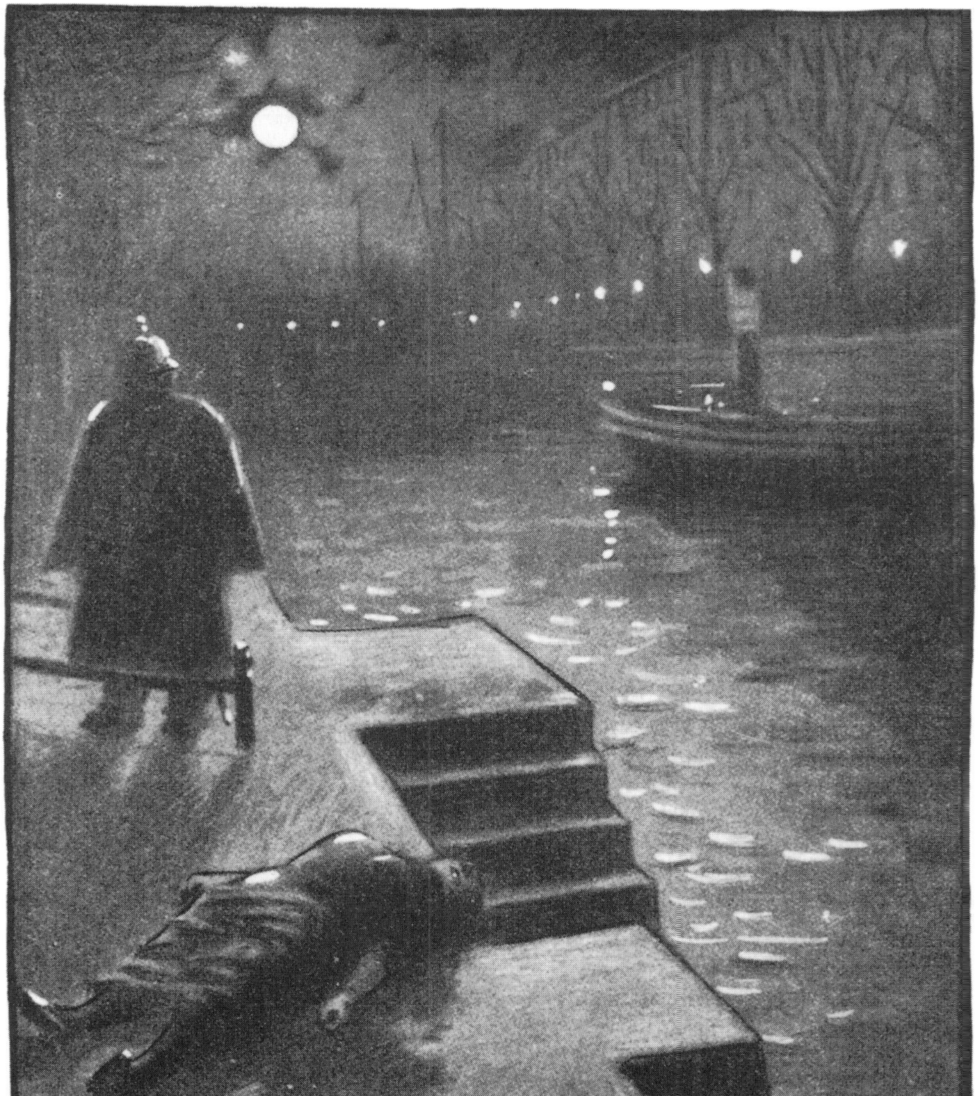

Die Wasserleiche.

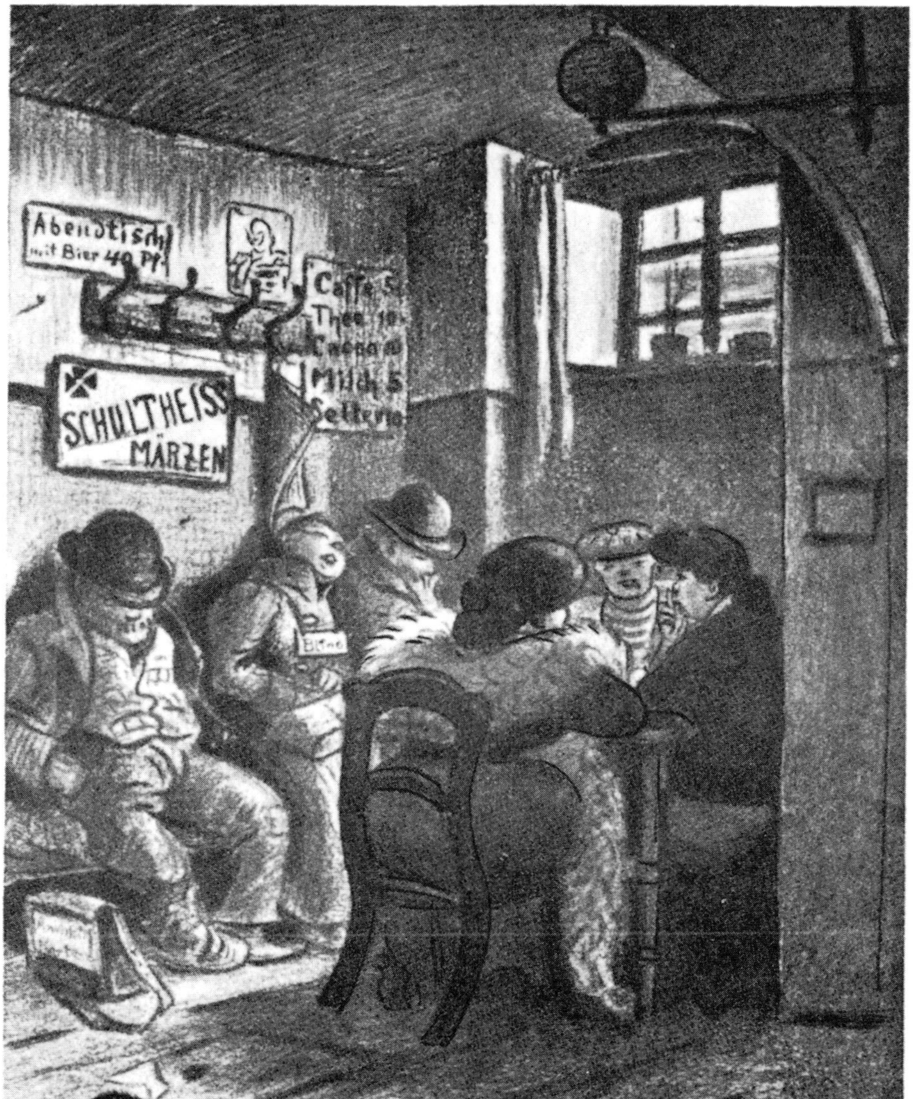

Der Budikerkeller.

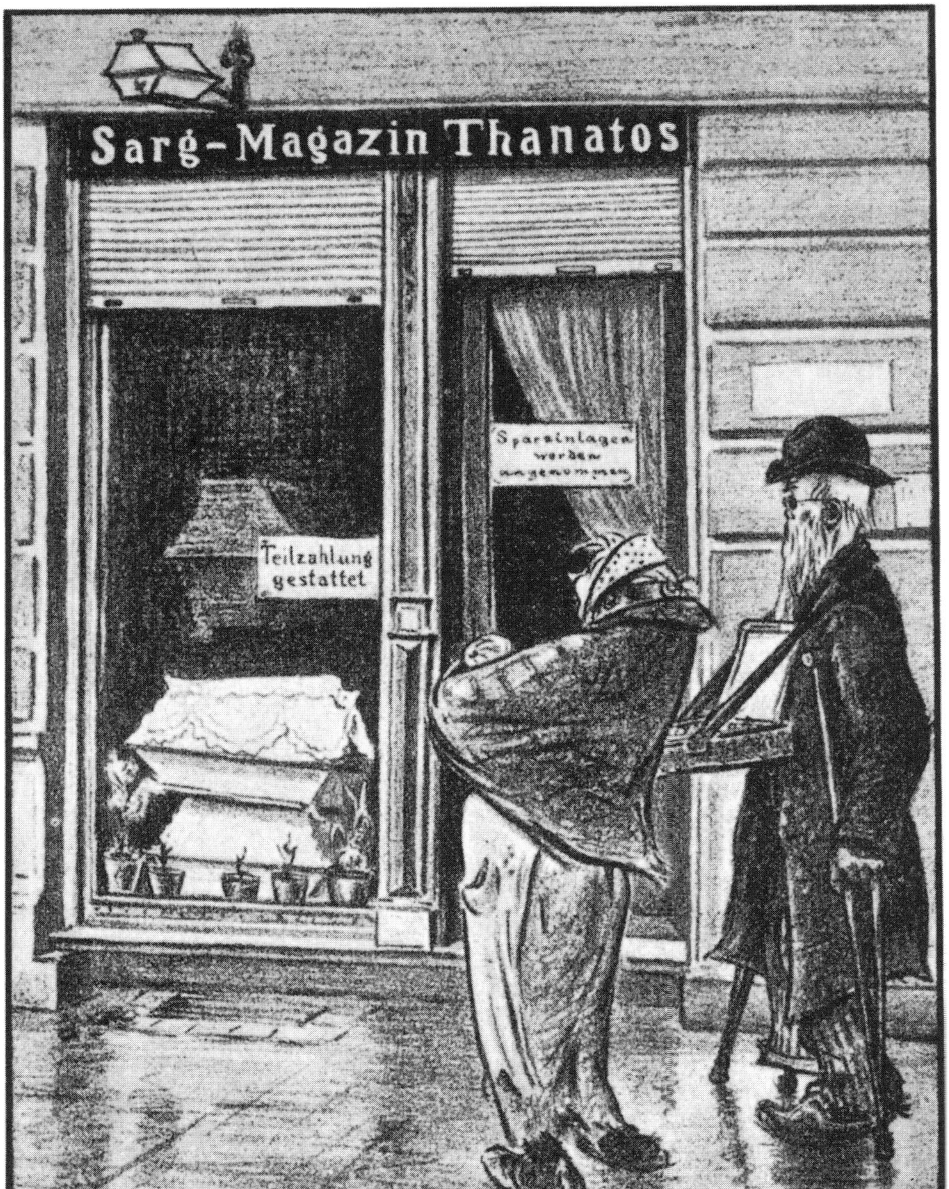

Bescheidener Wunsch.

„Ach Jotte doch, Vater, wenn de bloß det noch kieken kennt'st, det wär so'n Särjekin for mein Willy!"

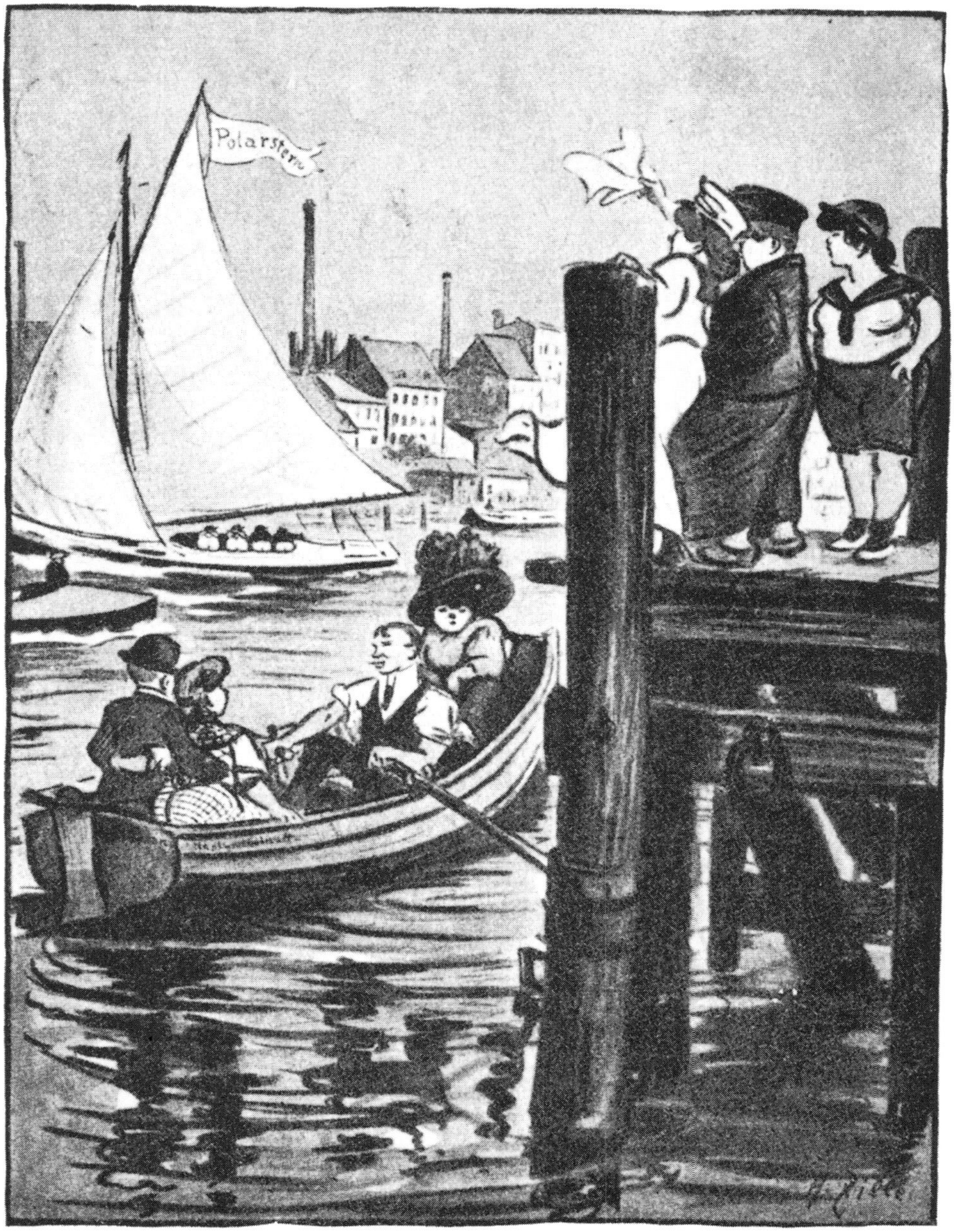

Auf der Oberspree.

„Welcher is denn dein Bräutijam uff den „Polarstern“, Mieze?“
„„Lass’ se man erst w e n d e n , jetzt kenn ick mir noch nich aus!““

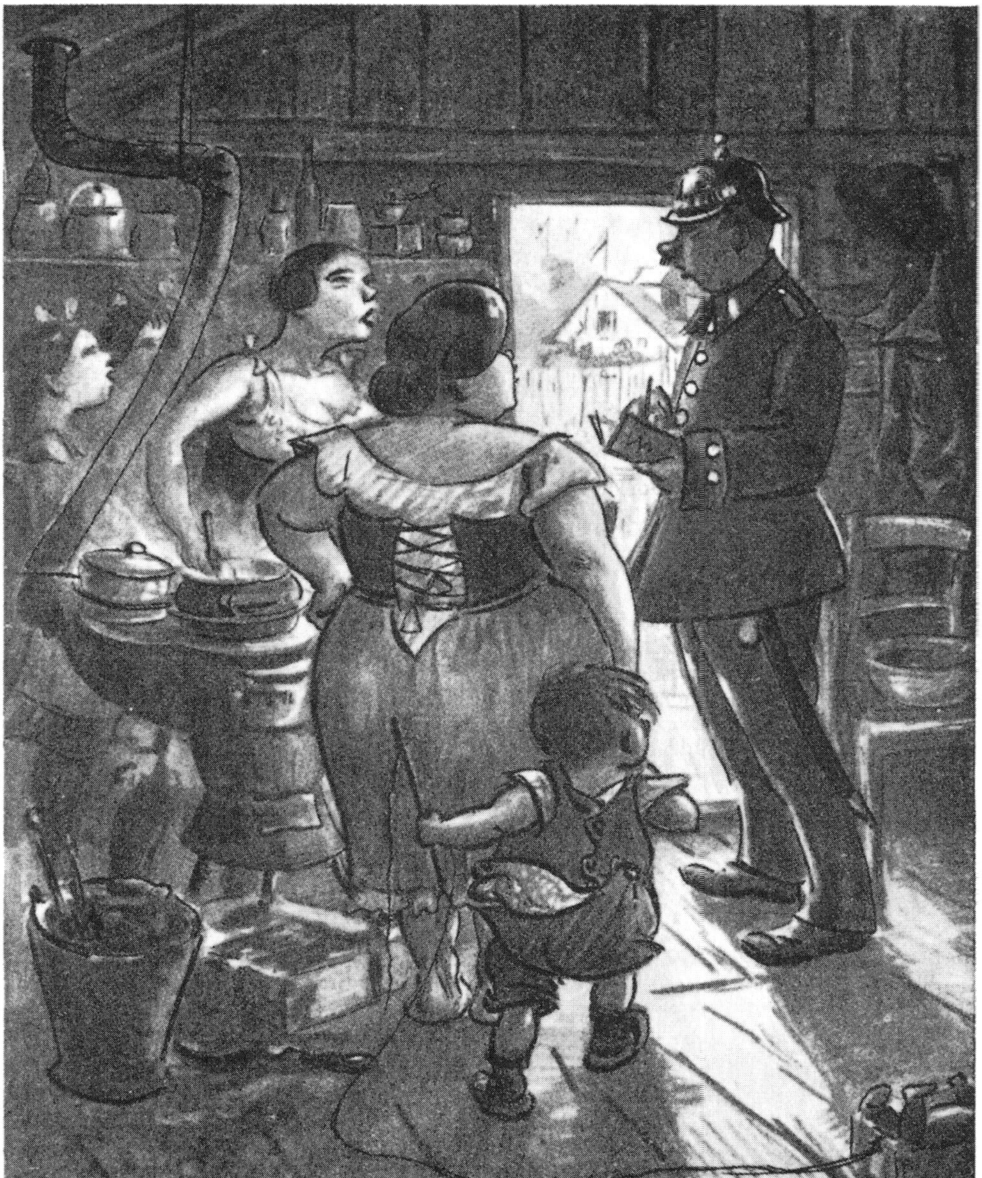

Verbot der Feuerungsanlagen in den Laubenkolonien.

„So? — Ofen und Kochen is nich mehr? — Denken Sie vielleicht, wir sollen uns een Sechser-Käse über die Petroleumlampe wärm'!“

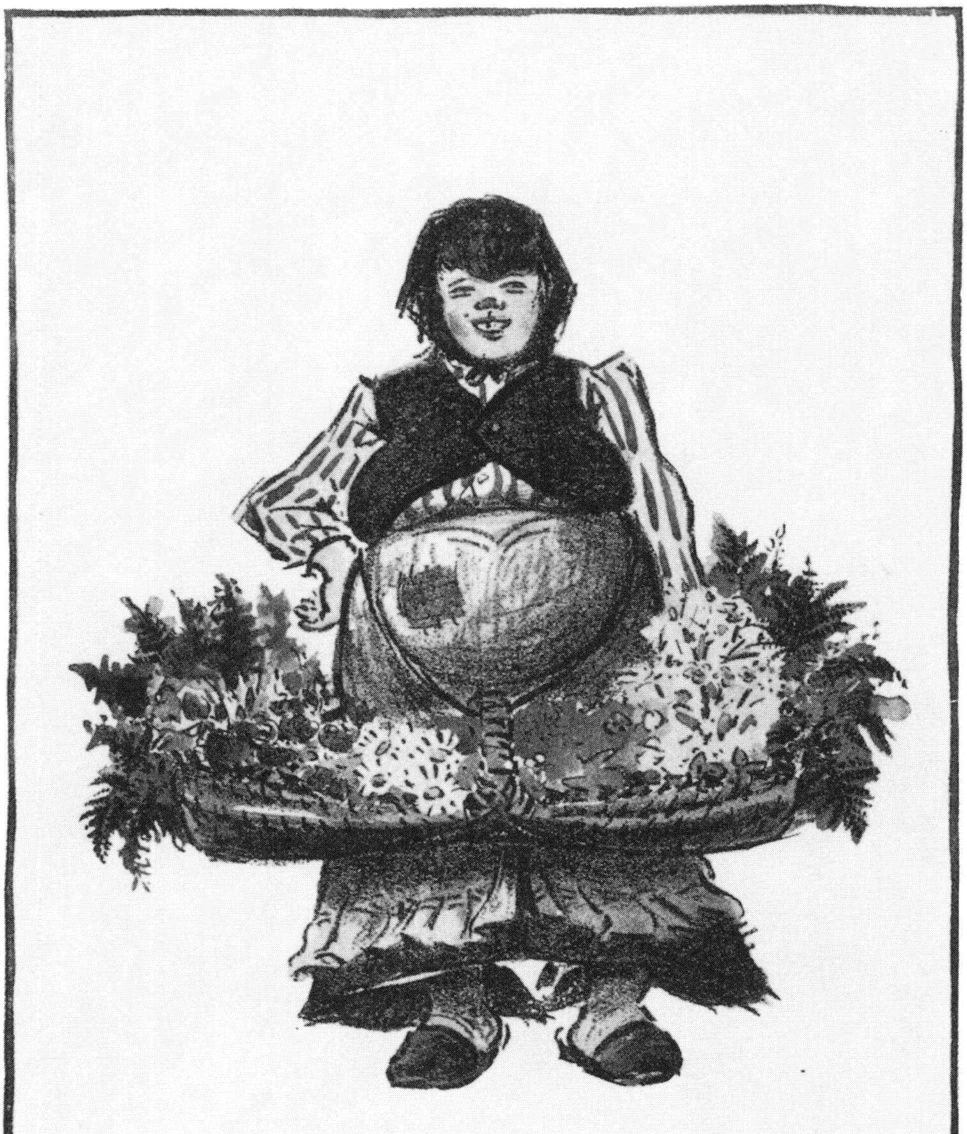

Die rote Minna, genannt die „Kleine Blumenhalle“.

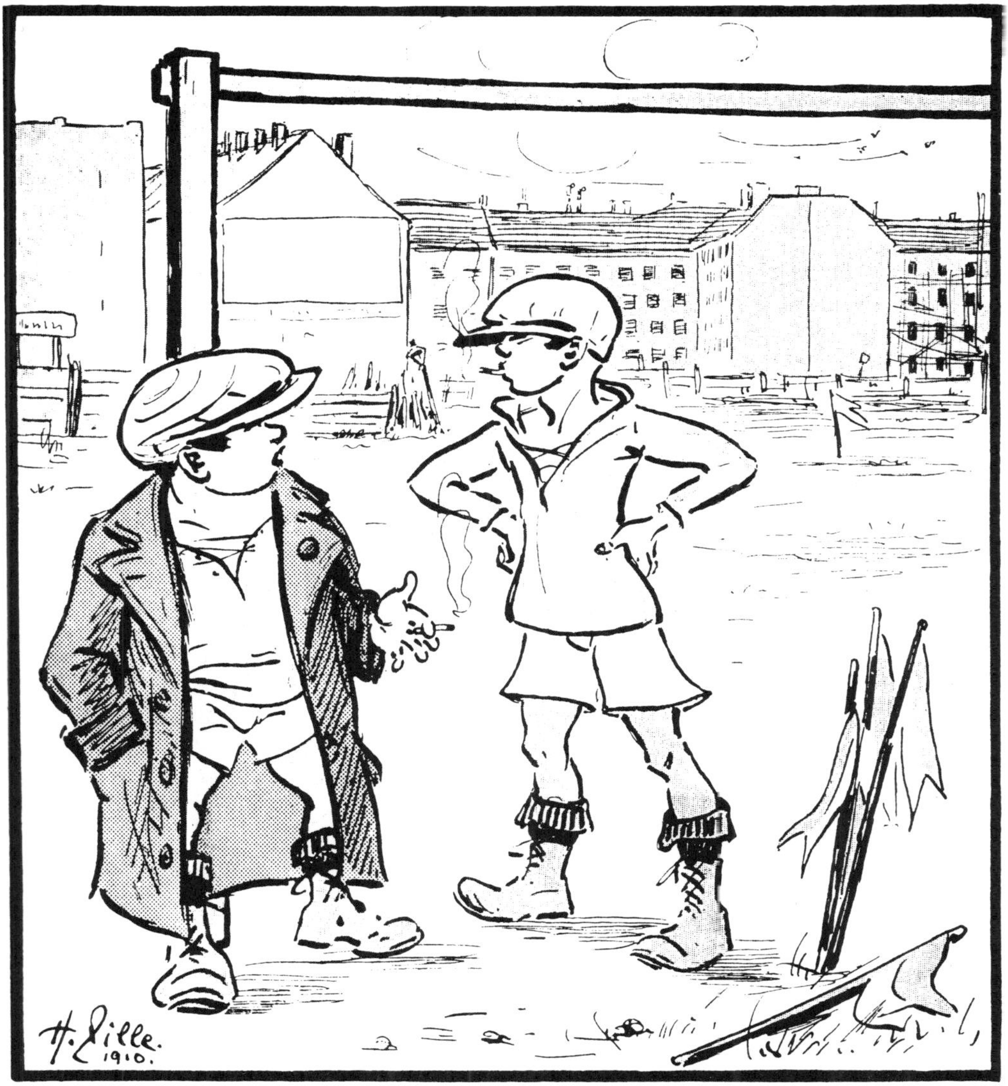

Fußball-Anfänger.

„Nee Justav, ins Stadion lassen sie uns noch nich rin!“

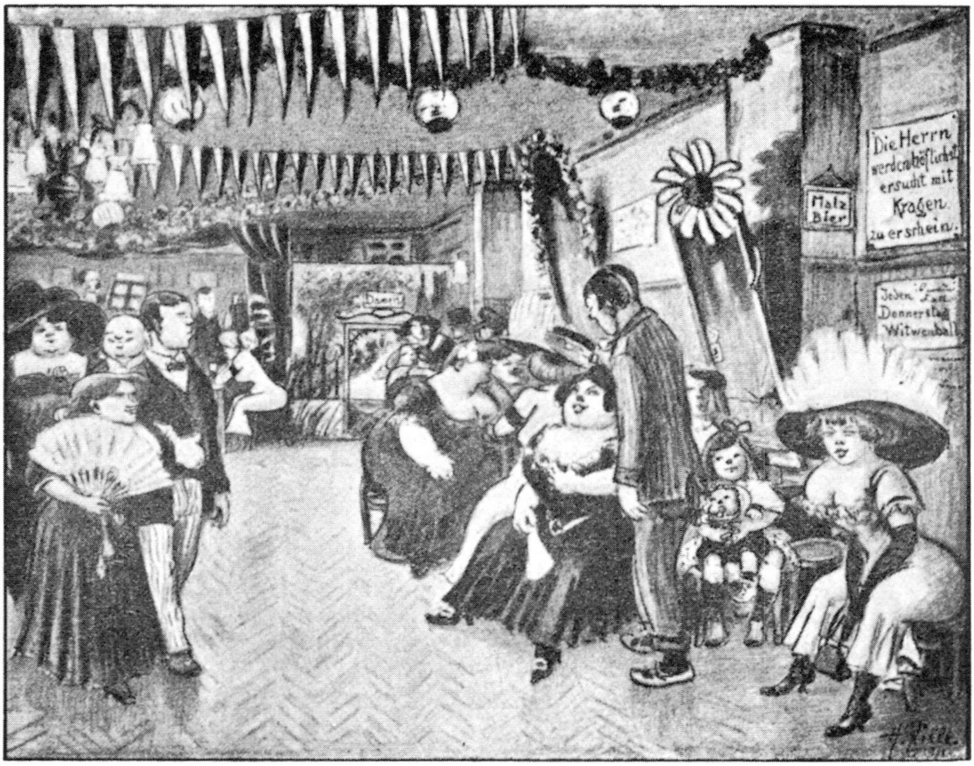

Witwenball.

Maxe: Jeben Se mir Ihren Fächer, Freilein, denn mache ick Sie kalt!

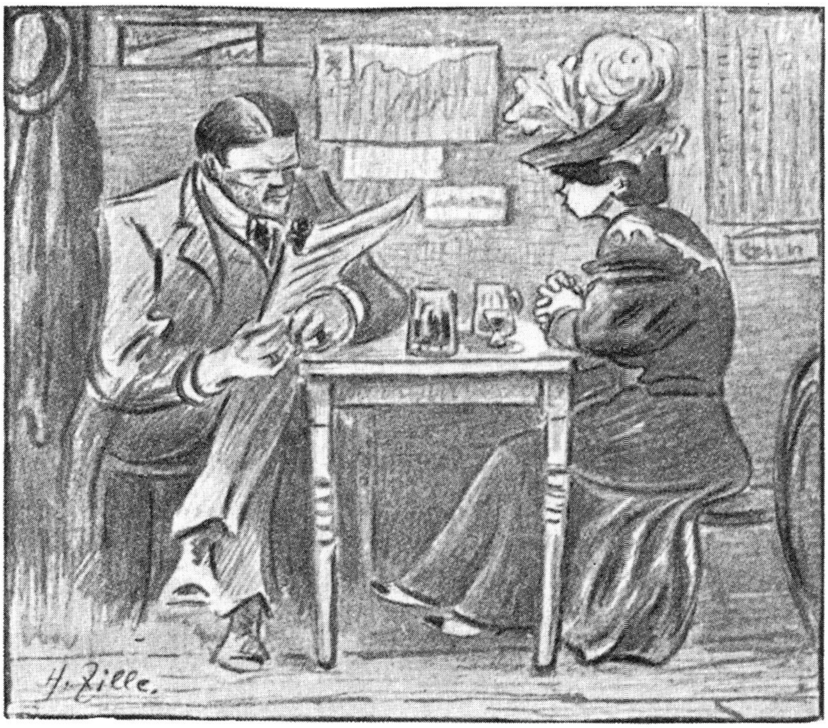

Der Wohltäter.

„Frida, sei zufrieden, daß de det blaue Ooge hast, sonst is der Steckbrief sehr jenau.“

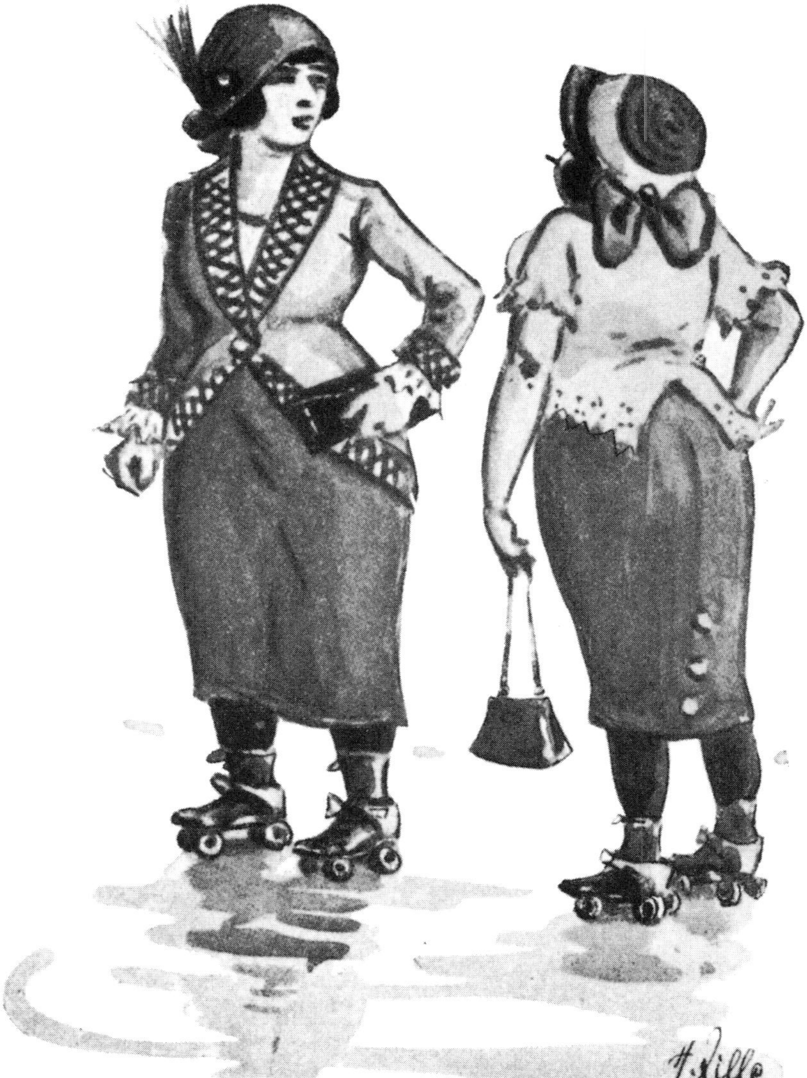

All Heil!

„Wo'n hin, Else?" — „„Rangdewuh!"" — „Wo'n?" — „„Bei die Schale in Lustgarten."" — „Ick ans Knie!"

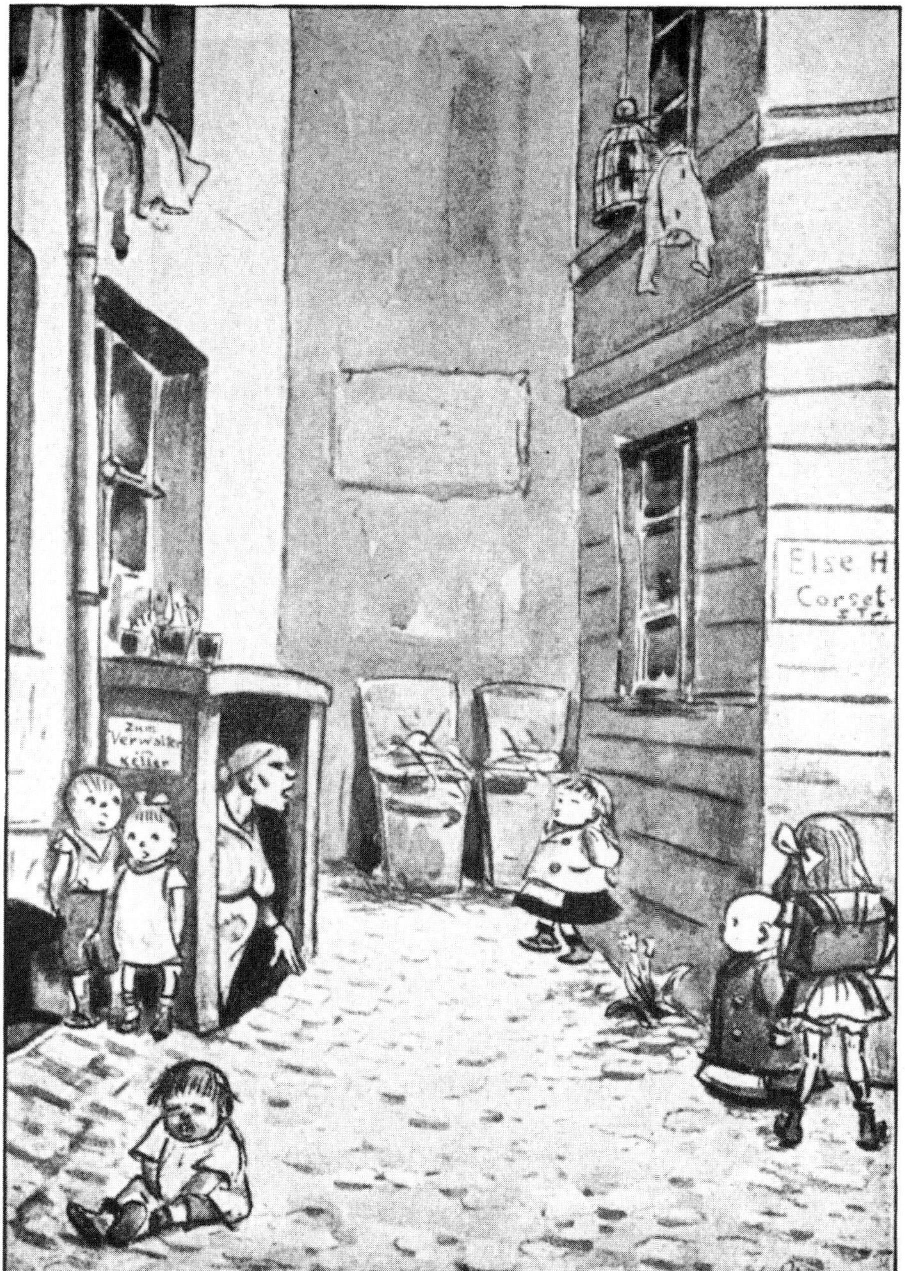

„Wollt ihr von die Blume weg, spielt mit'n Müllkasten!"

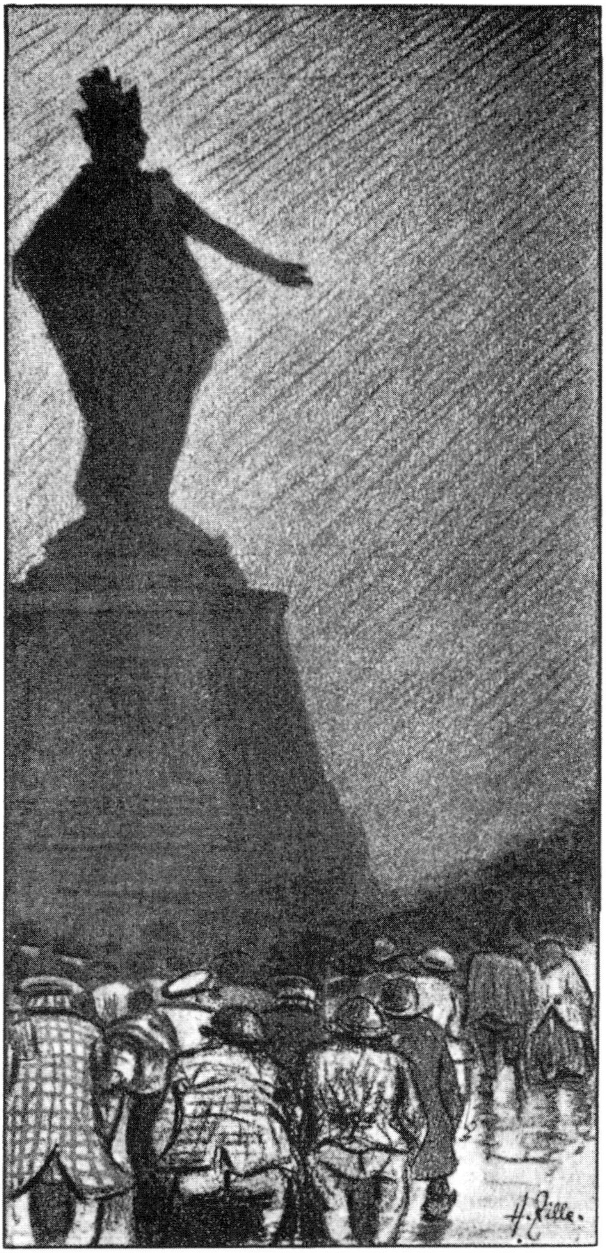

Am Alexanderplatz.

Die Berolina: Kinder, — da geht's zum Asyl!

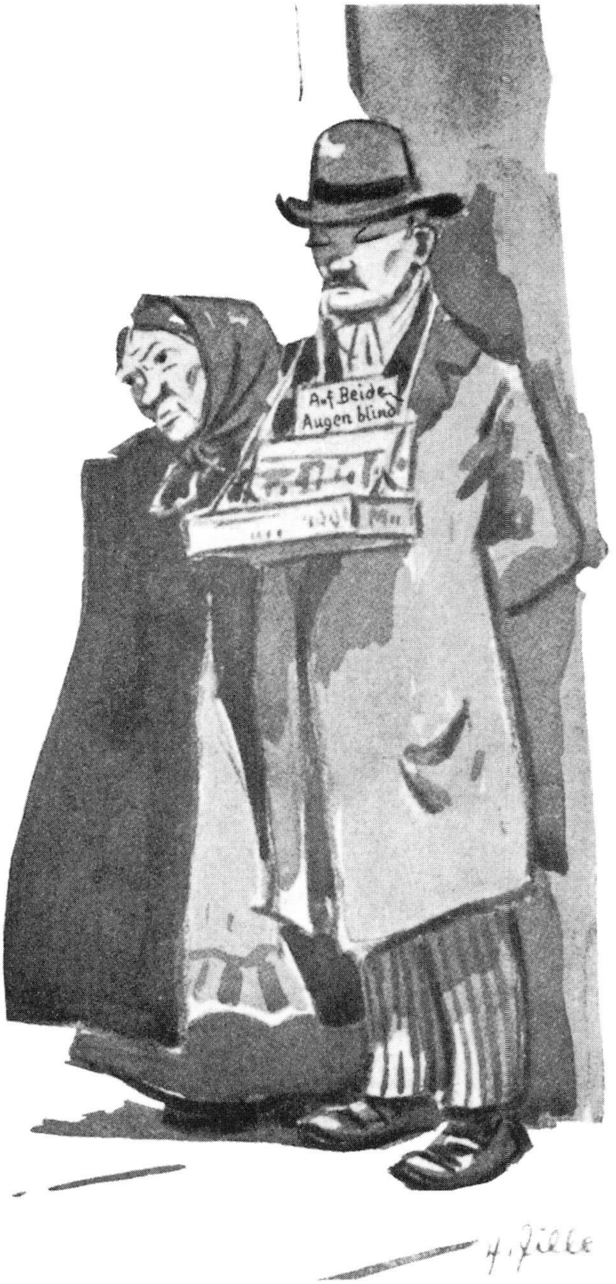

Der Blinde.

„Mutter, wat man in de Friedrichstraße alles hört, ick könnte lachen,
mir tun bloß gleich die Oogen so weh!"

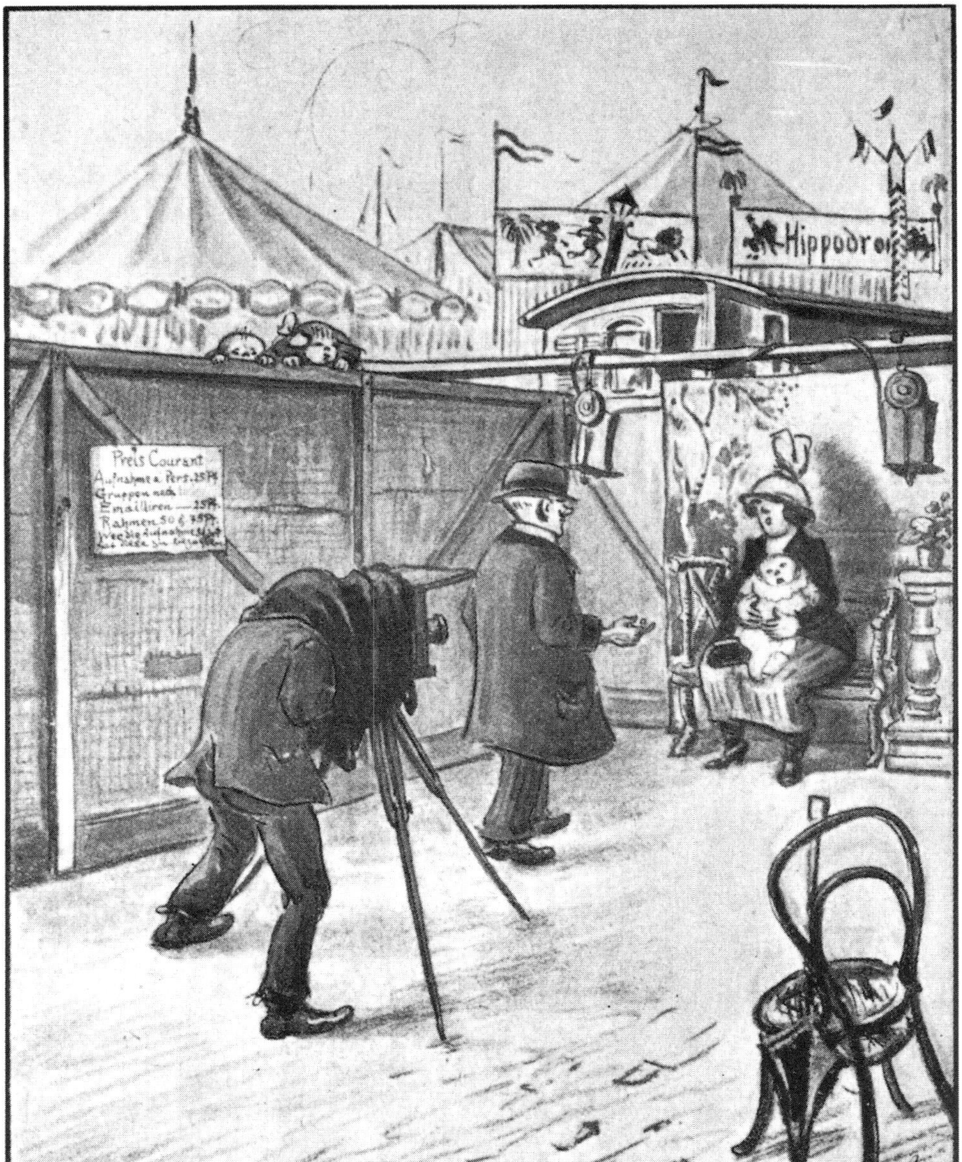

Auf dem Nummel.

„Warum nich z w e e Bilder, Freilein, von die Kleene; vielleicht for'n Bräutijam eens?"
„„Den Affen! Ick will bloß een Andenken von det Kind, heute abend setz ick die Jöhre aus!"""

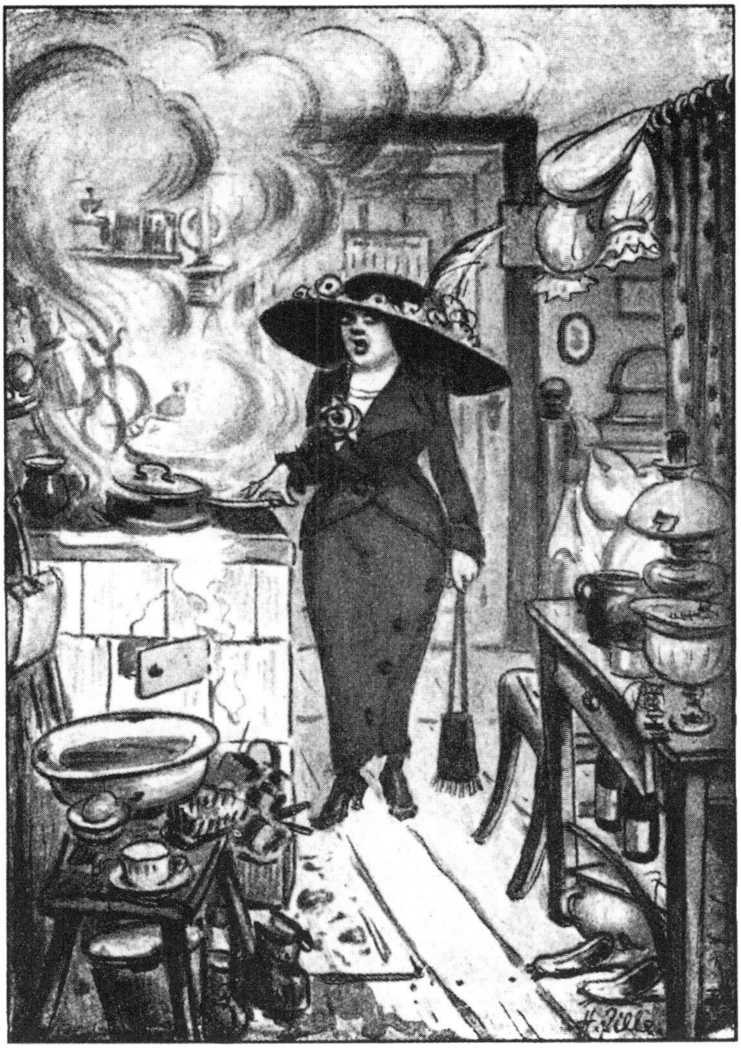

Haus und Beruf.

„Mama, ich jeh jetzt ins Jeschäft, deine Milch kocht, soll se noch heißer werden?“

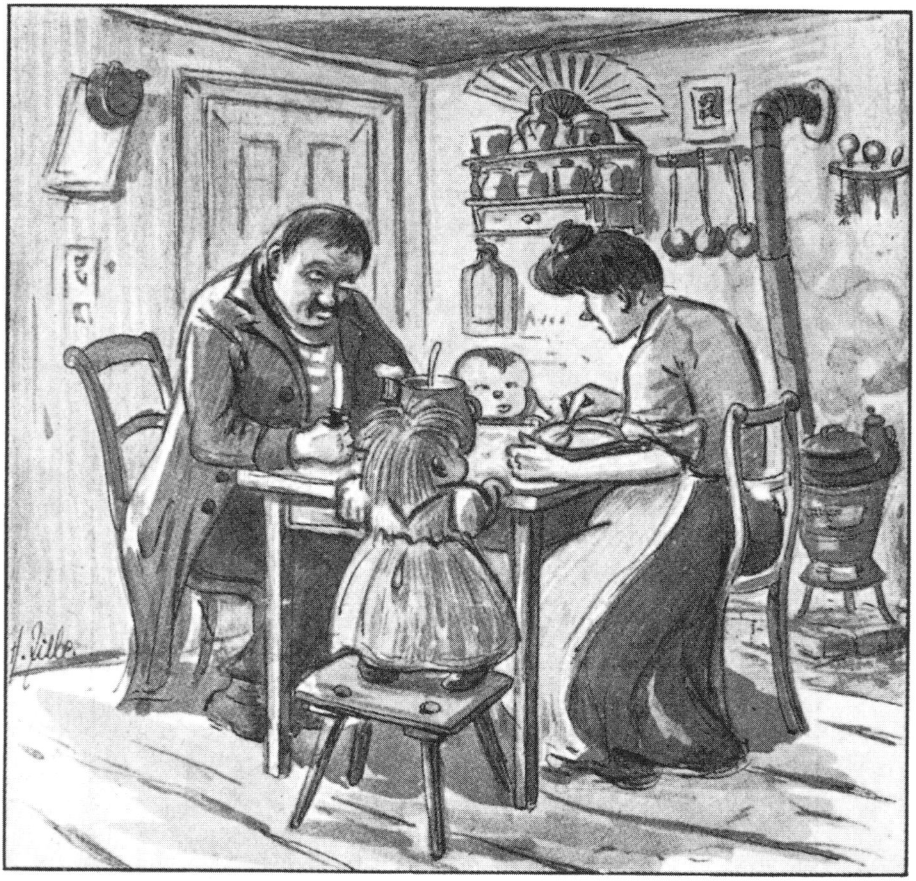

Das überseeische gefrorene Hammelfleisch.

„Minna, det Flesch is hart!“

„„,Mann, vielleicht steckt noch Frost drinn!““

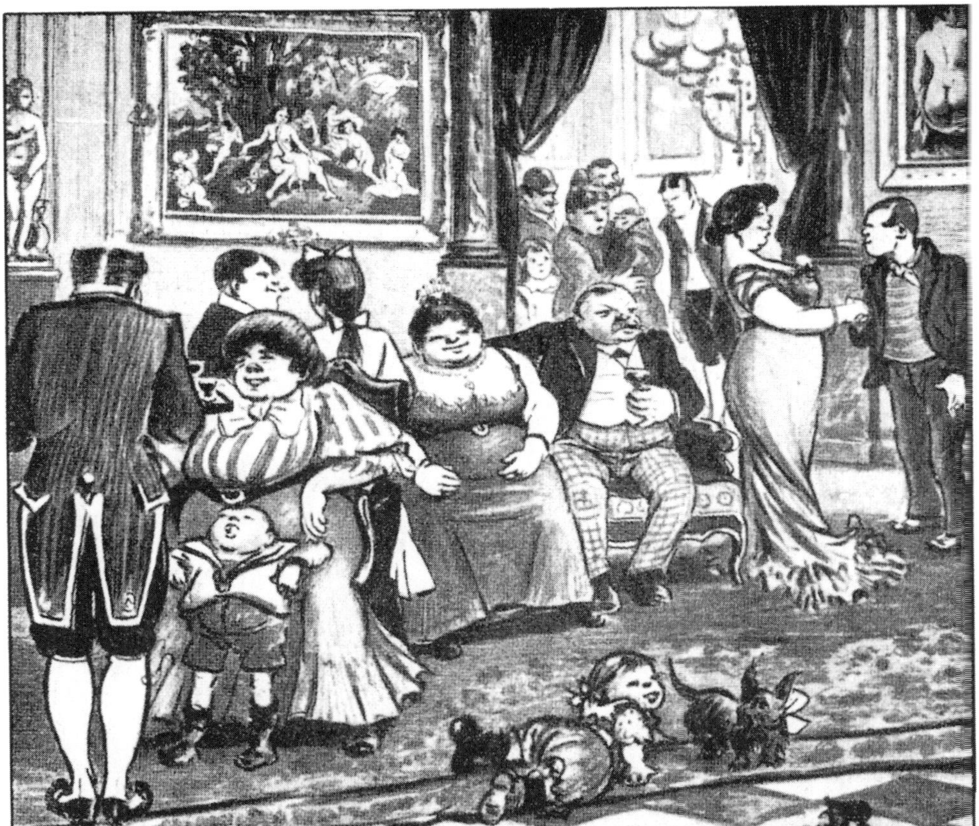

Die reiche Tochter und die armen Verwandten.

„Weeß Jott, Lilli, bei dir ist's dufter als in ‚Tegel'!"

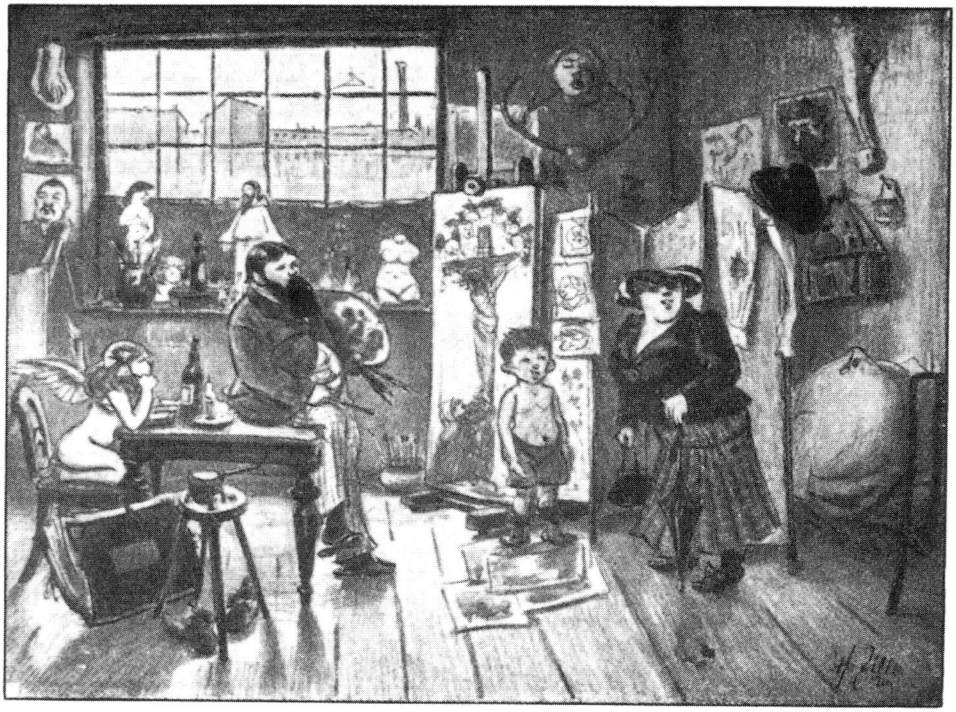

Der Maler und das Modell.

Er: Haben Sie schon mal gesessen?
Sie: Erinnern Sie mir bloß nich an die Zeit!

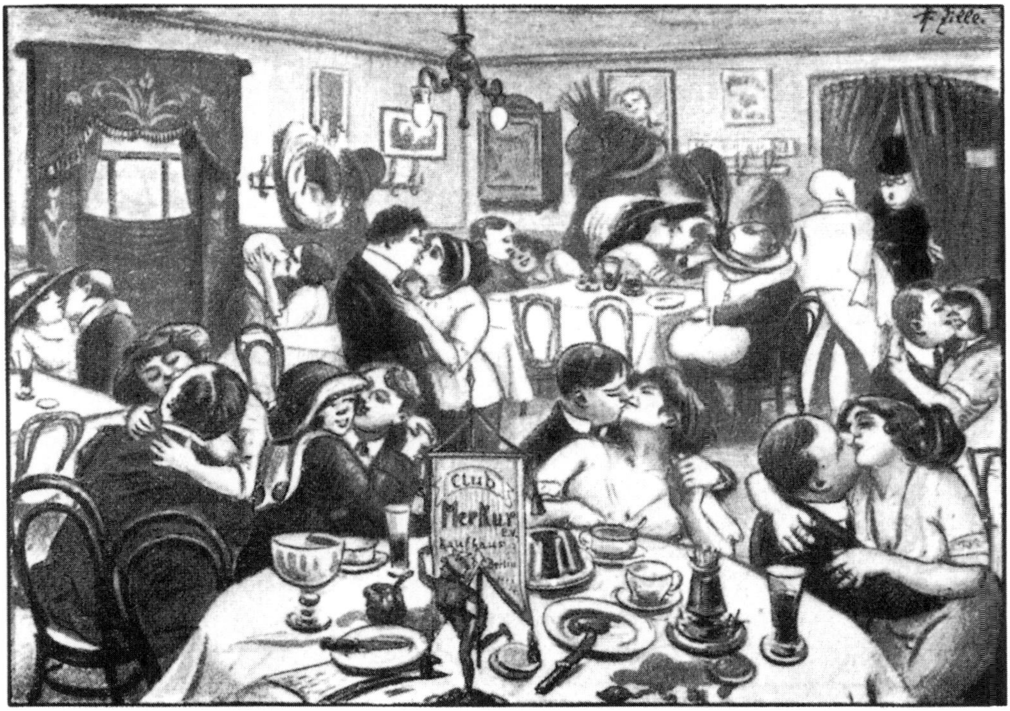

Der Eindringling.

Kellner: Entschuldigen Sie, mein Herr, hier tagt ein Verein, — geschlossene Gesellschaft!

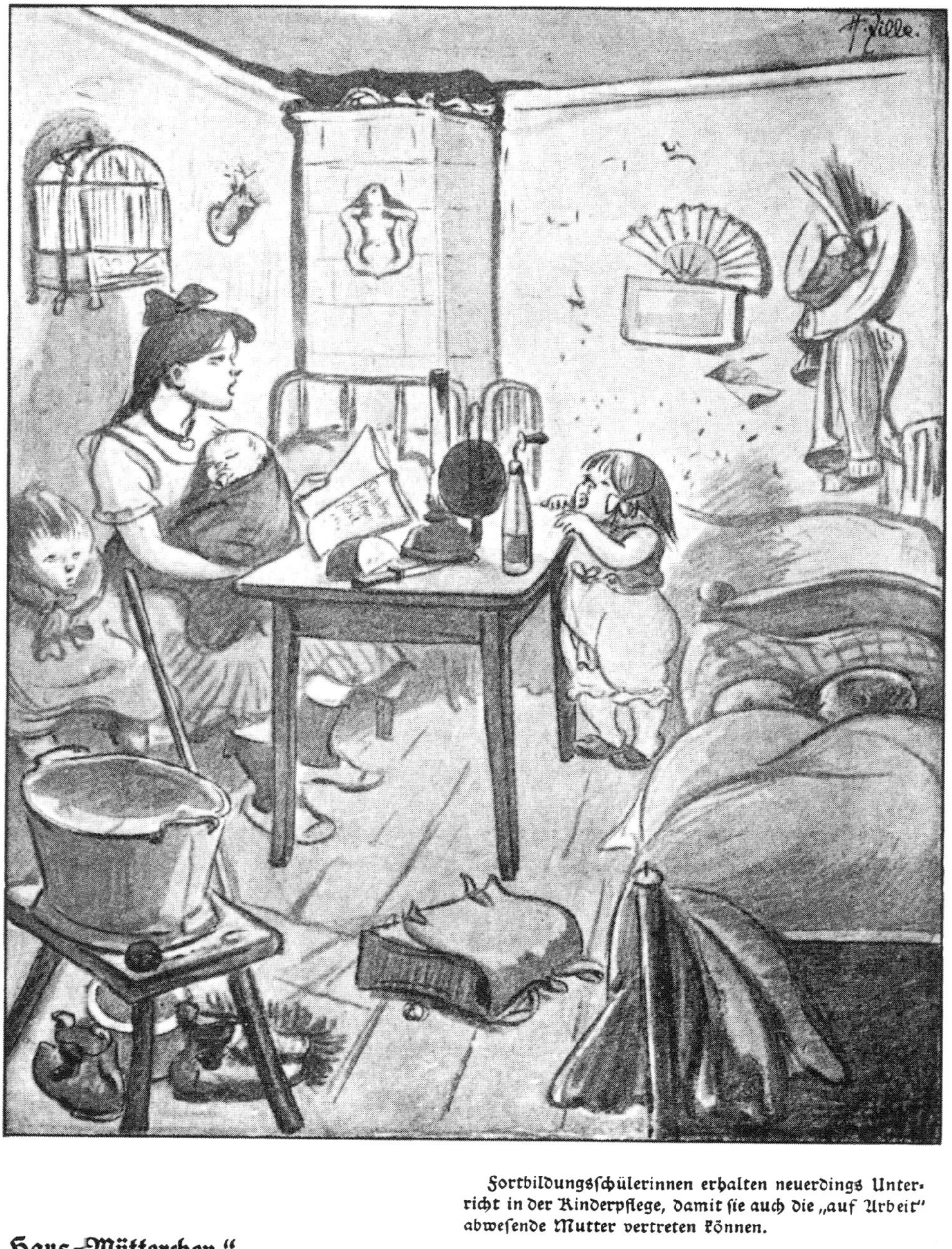

Fortbildungsschülerinnen erhalten neuerdings Unterricht in der Kinderpflege, damit sie auch die „auf Arbeit" abwesende Mutter vertreten können.

„Haus-Mütterchen."

Kleinmuttchen: Wat? — ne Stulle willste? — ne Backpfeife kannste krieg'n — — und dann hopps ins Bette!

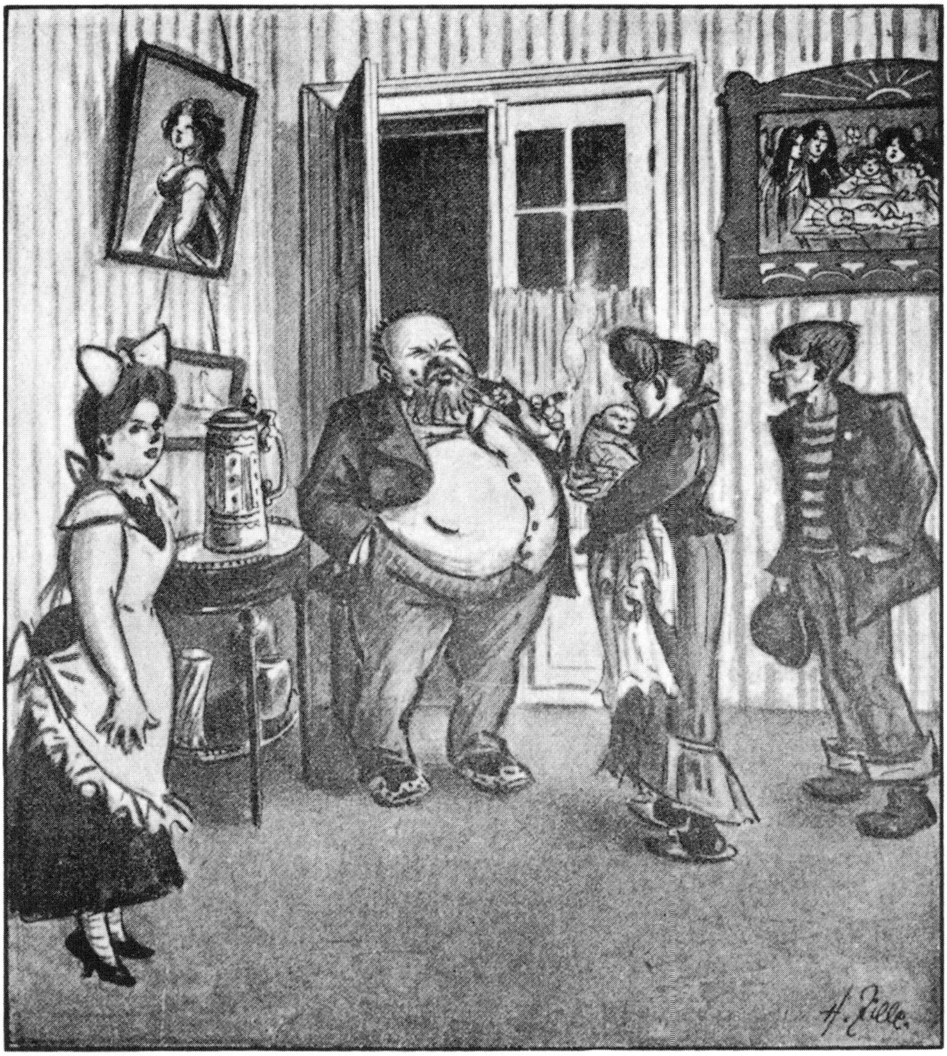

Der Haustyrann.

„Wo wohn Se denn? Keller, zweetes Quergebäude? Da könn' doch keene Wanzen sinn, wo's so feucht is!"

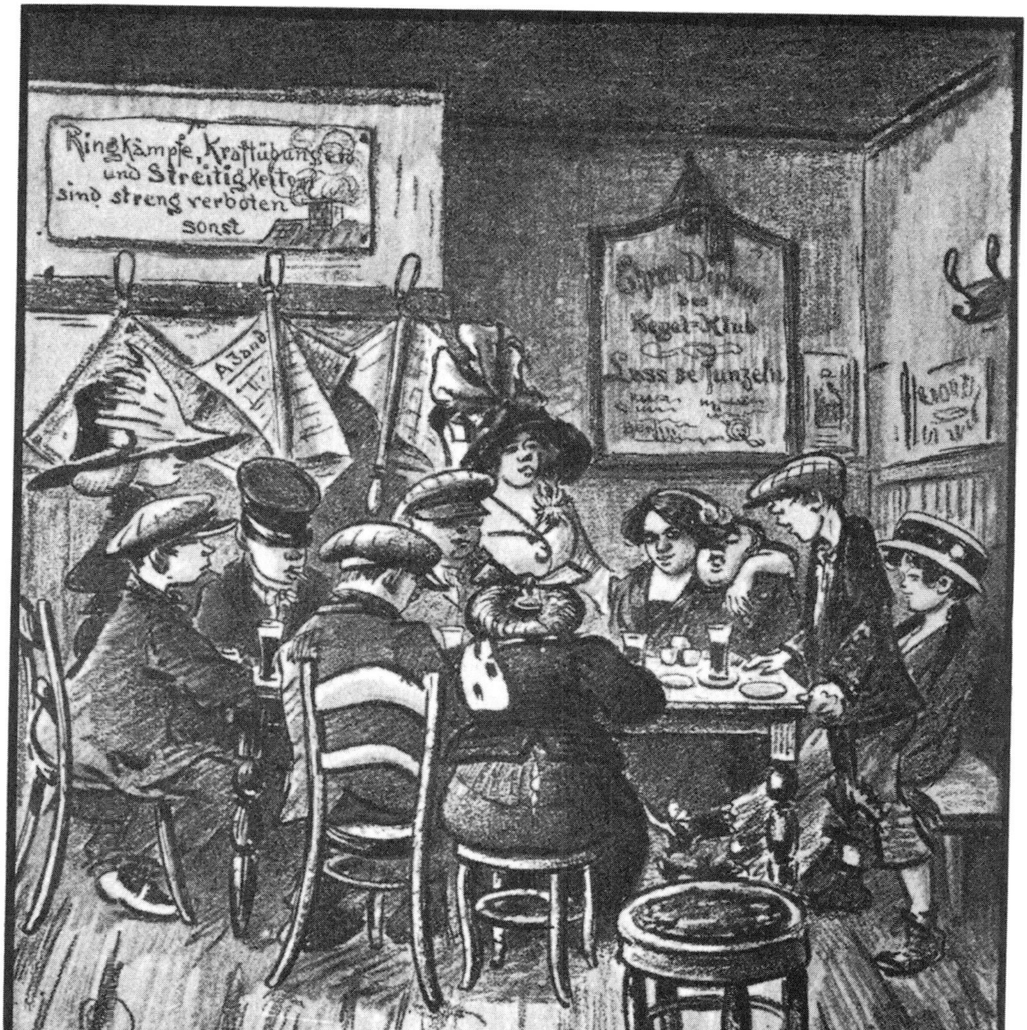

Vereinssitzung.

„— un ick bin dafor, det wir uns ne andre Vereinsbudike suchen, so ne Zigarette forn Pfennig is in Damenjesellschaft nich mehr zu roochen!"

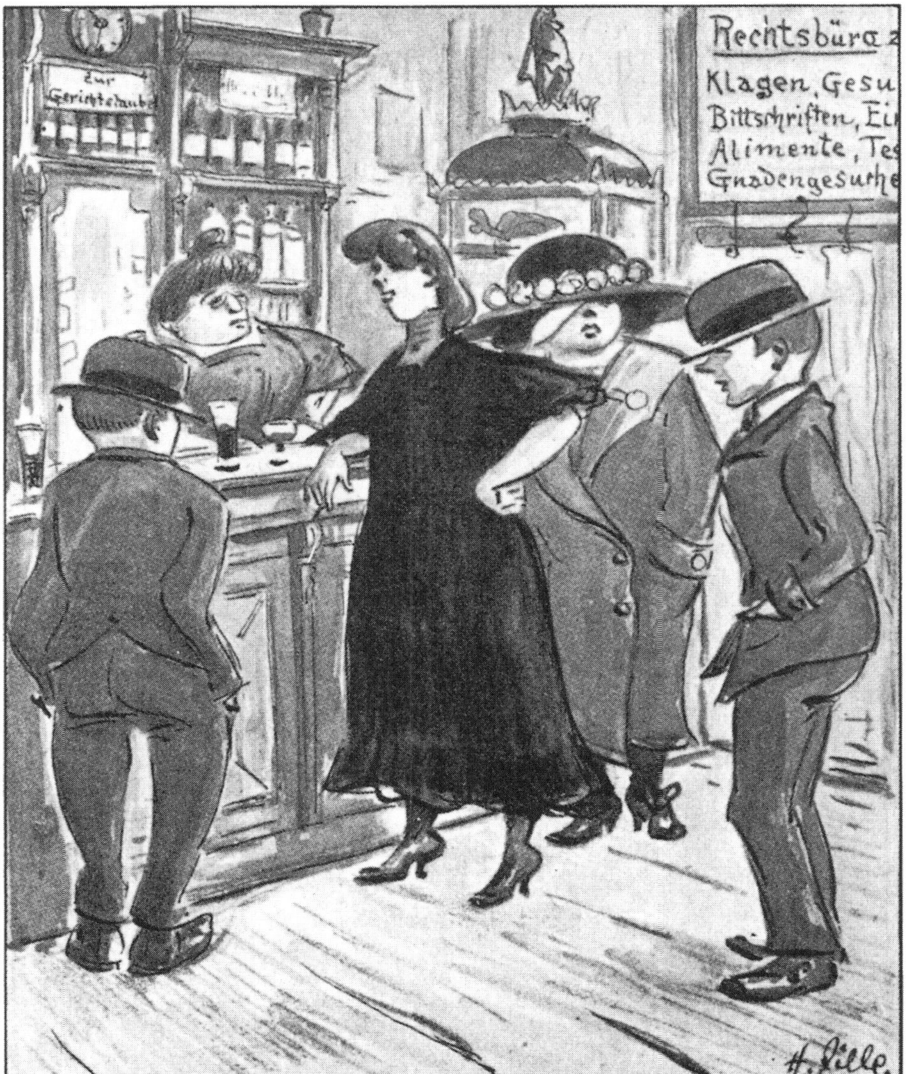

Zeugen zum Kriminalgericht.

Man weeß nie, Oska, ob se een wieder weglassen!

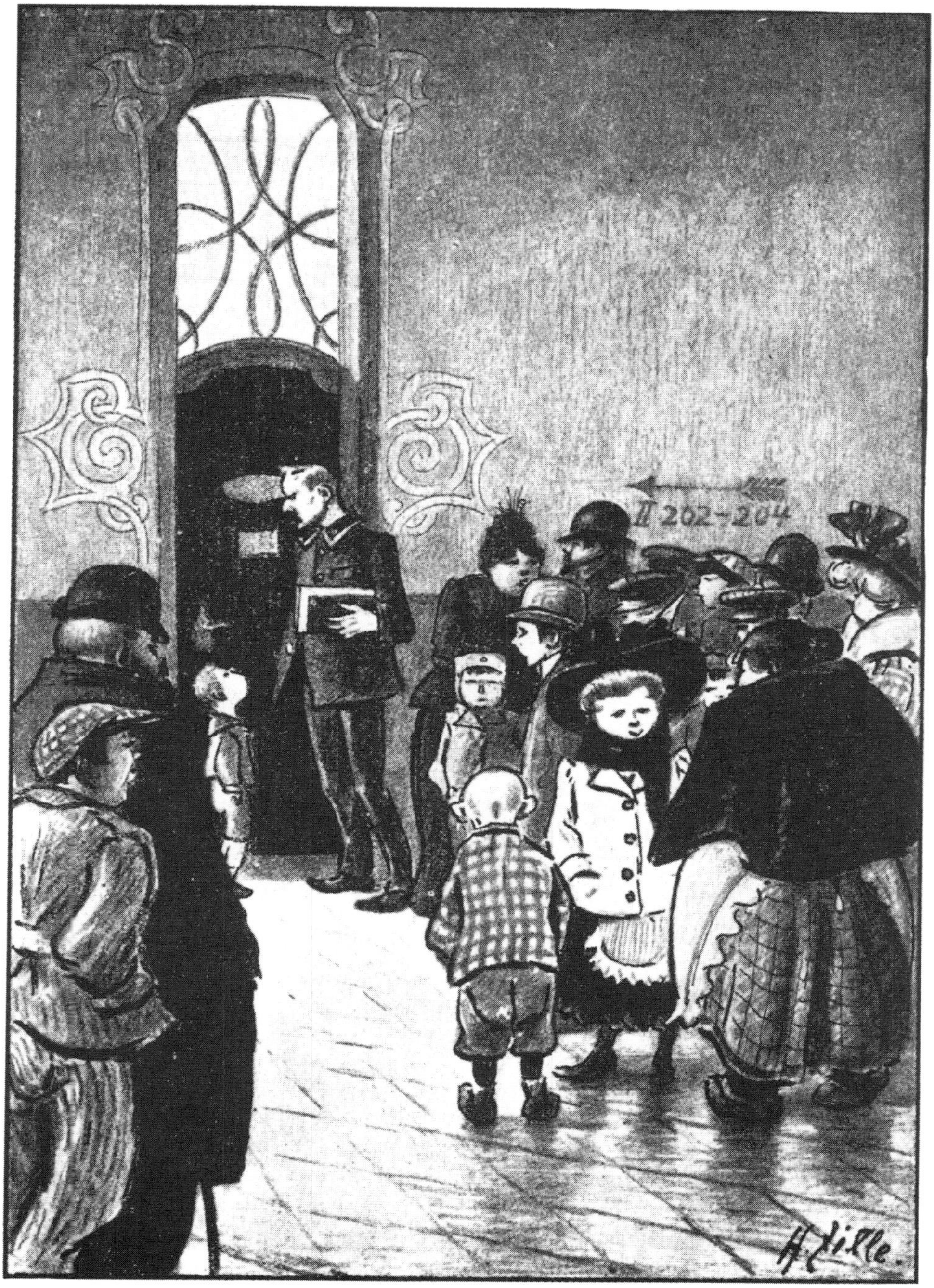

Jugendgericht.

„Wann bist du geladen?“

„„Um Zehne, Willy Schulze, Dachstuhlbrand.““

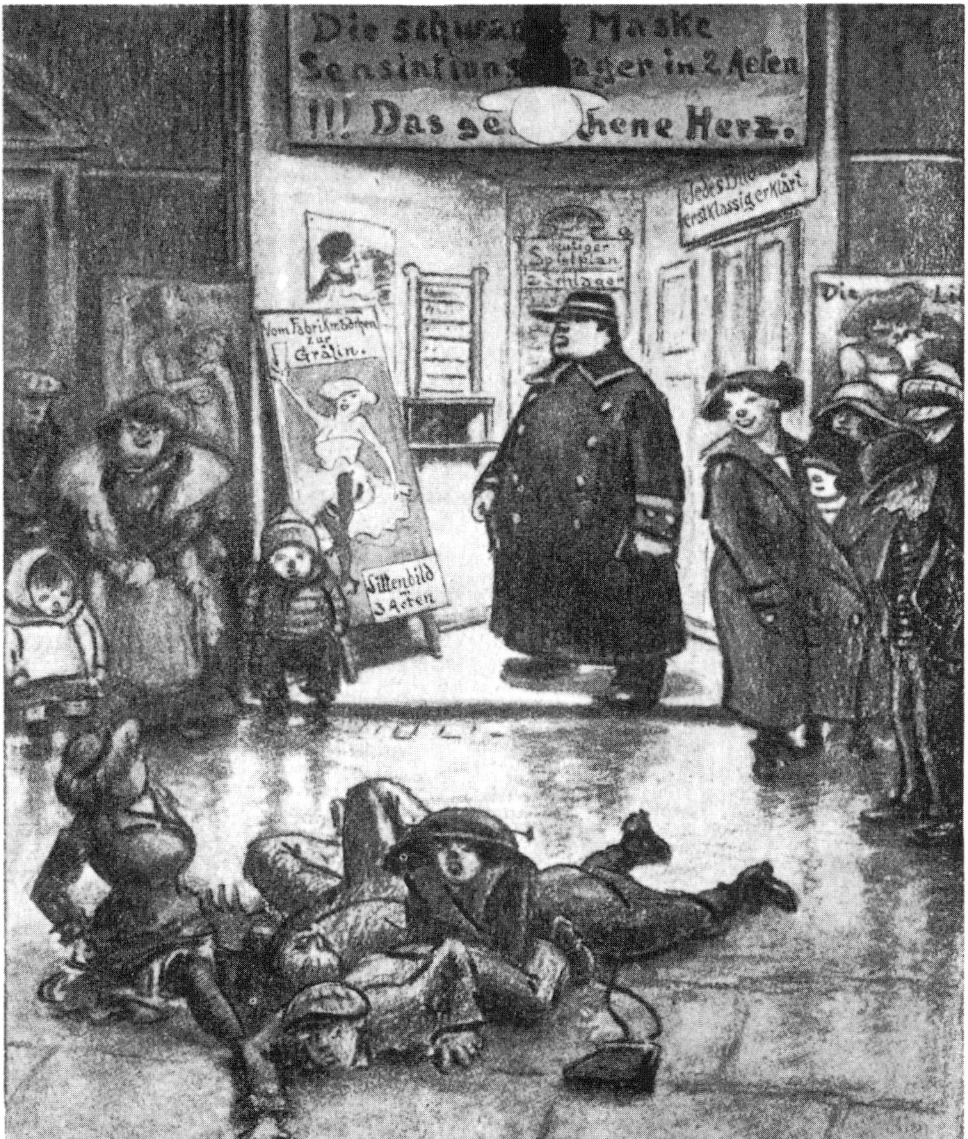

Immer „mit de Ruhe".

Portier: Zehnmal habe ich's euch in Ruhe jesagt, det ihr nicht rinderft. Det nächste Mal wer ick unjemiethlich!

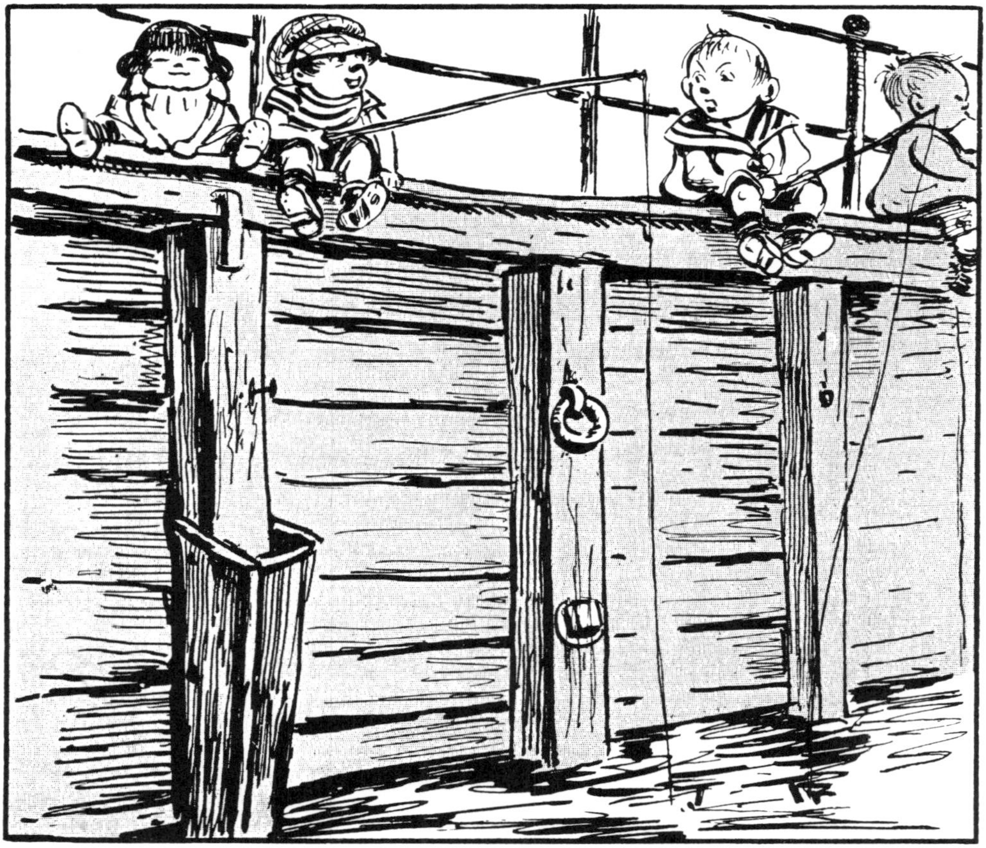

Die Angler.

„Fritze, wo haste deine Piehäser?“ (Regenwürmer.)

„„In Paulas Maul, da kenn' se uns nich wegkrauchen!““

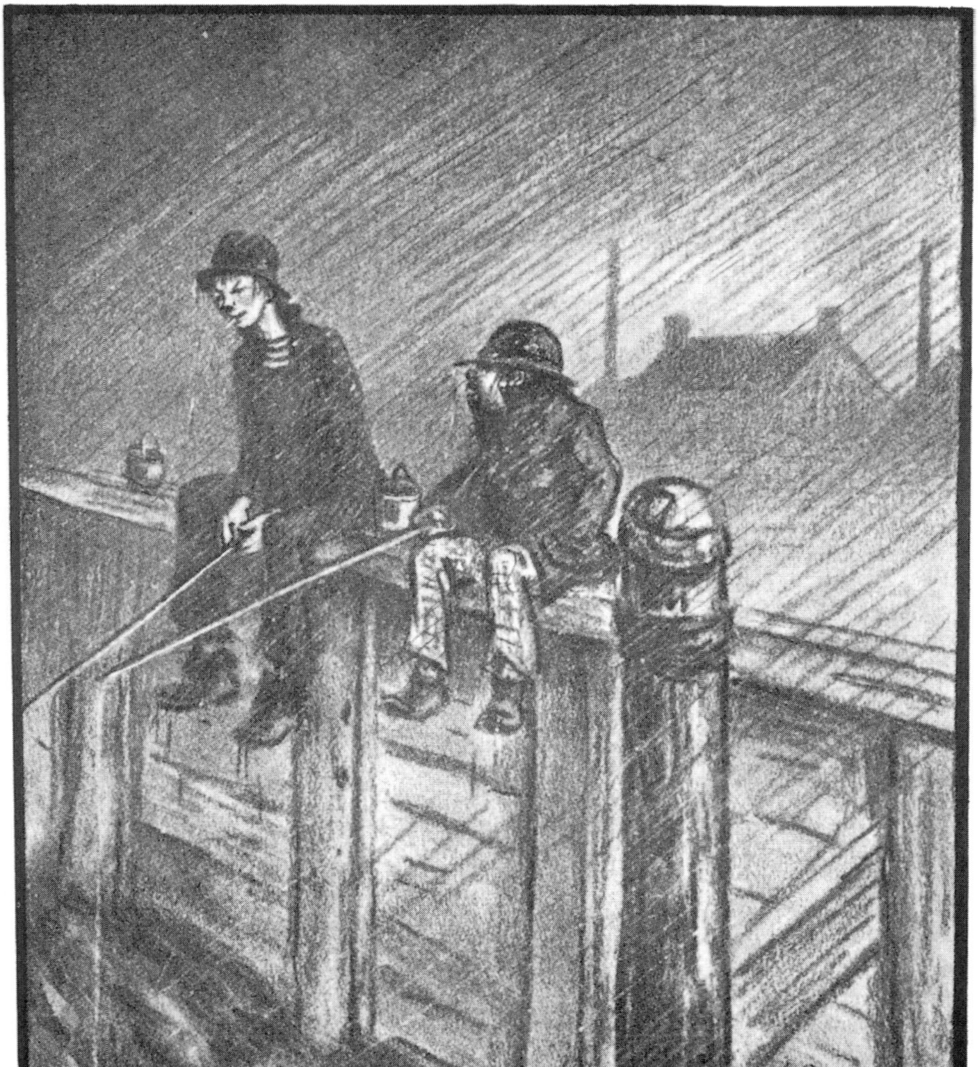

„Mensch, August, die Fische sinn nicht so dämlich wie wir! Bei det Scuwetter sitzen se alle unter de Brückenbogen, det se nich naß wer'n!"

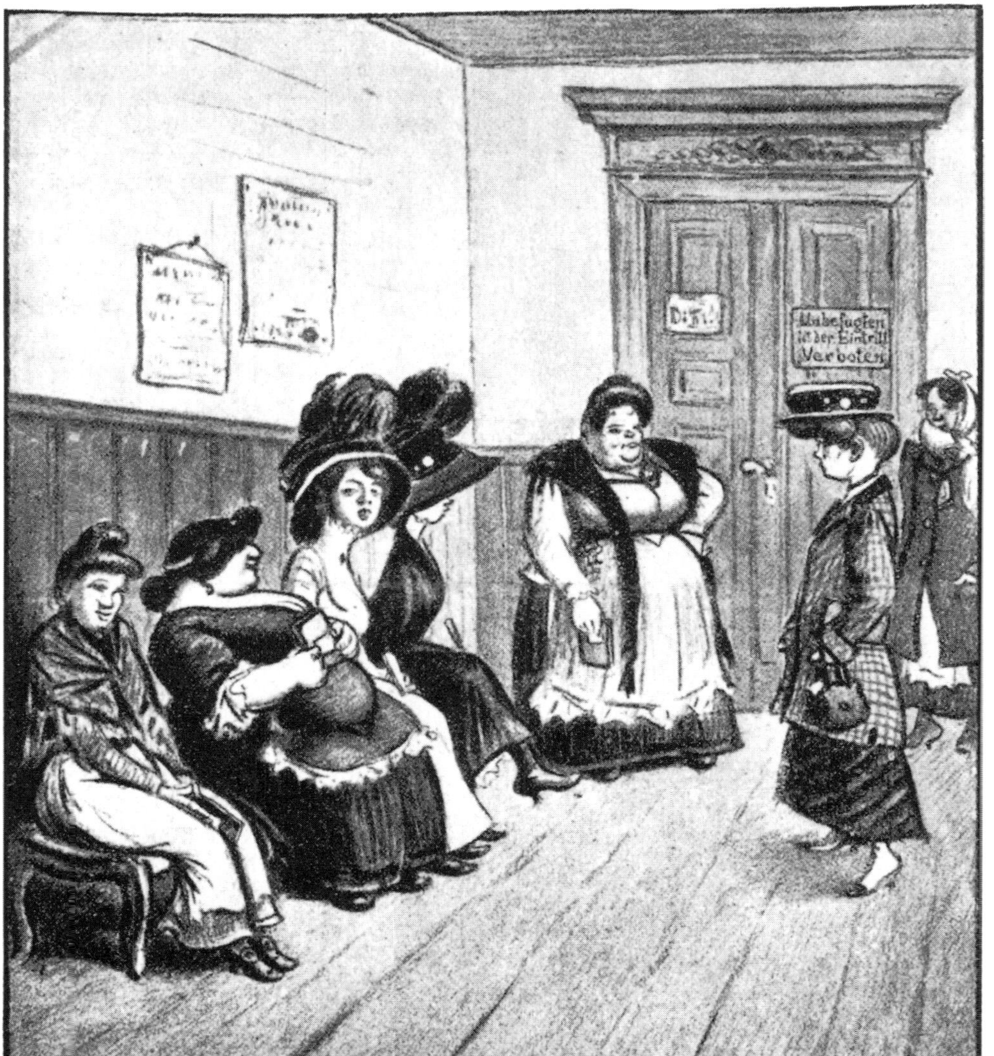

Am Alexanderplatz.

„Det dauert ja heite so fürchterlich lange!"

„„Weeste, da is'n neuer Doktor, der scheniert sich noch.""

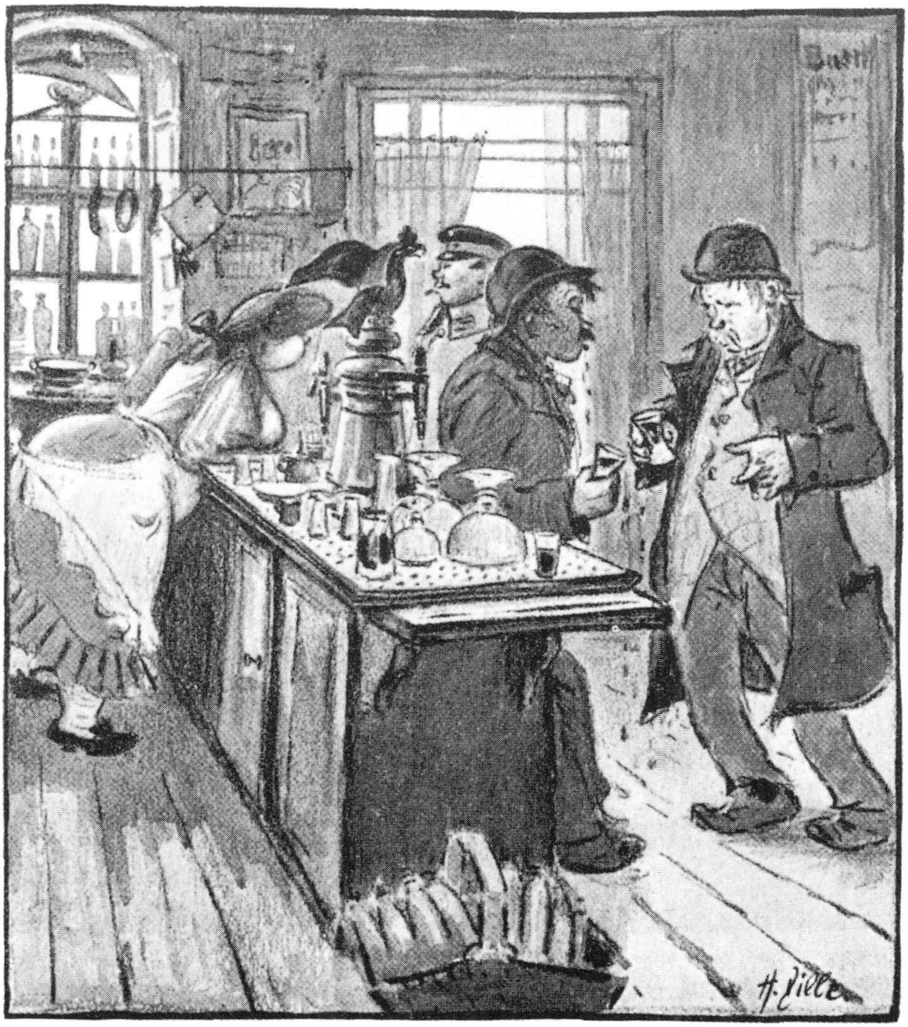

„Familienleben."

„Zu ville derf man ooch nich saufen, Willem, sonst kann man zu Hause die Olle nich verhau'n!"

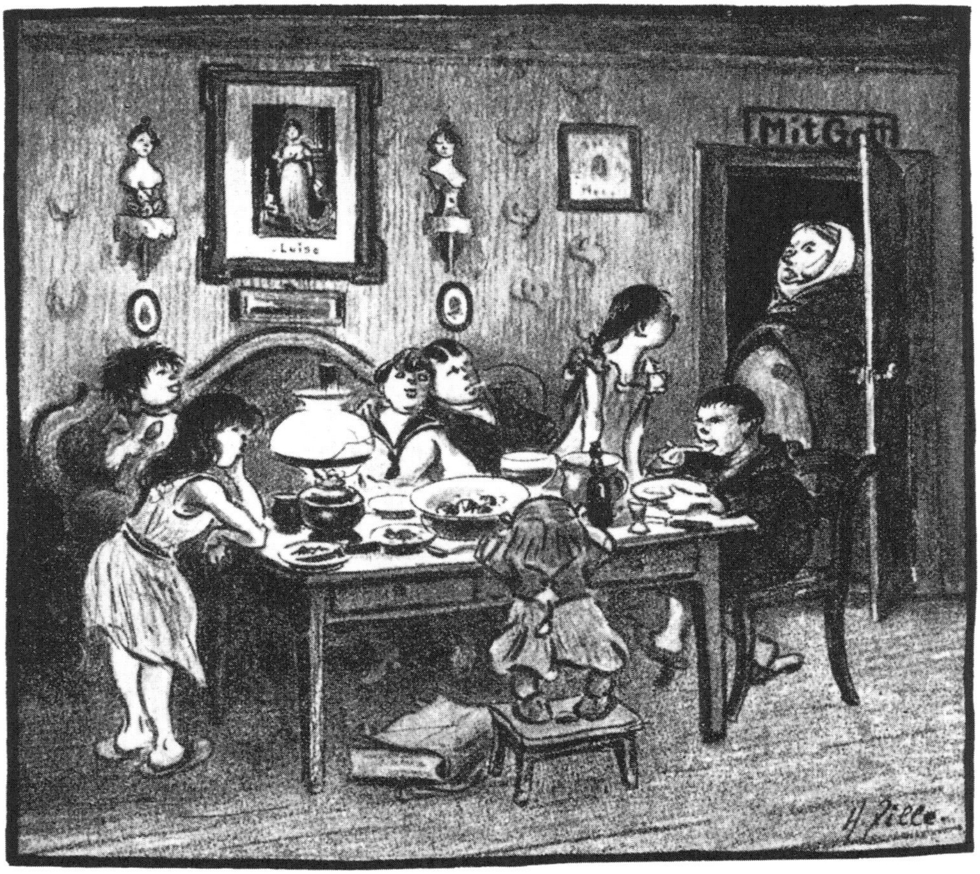

Belebendes Element.

„So'n Lärm, ick wer't eire Mutta sag'n, und ooch noch en fremder Mensch!"

„„Aba Frau Schmidt, det is doch Meta's Verhältnis, der is von de Fürsorje jetürmt!""

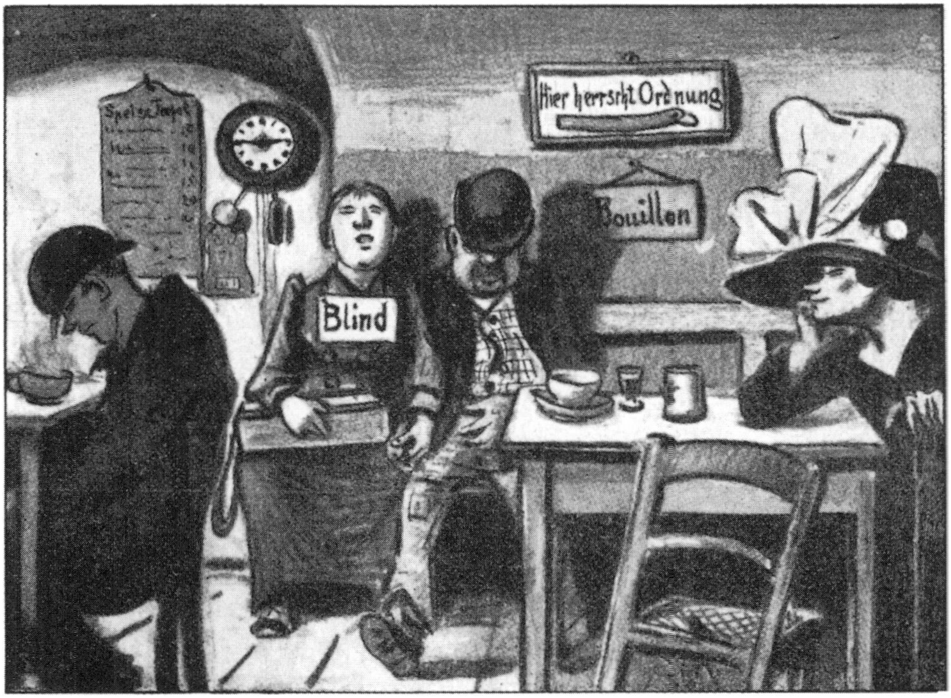

Im Bouillonkeller.

Der neue Führer. „Willem, ich glaube, du mußt ein schöner Mann sein!“

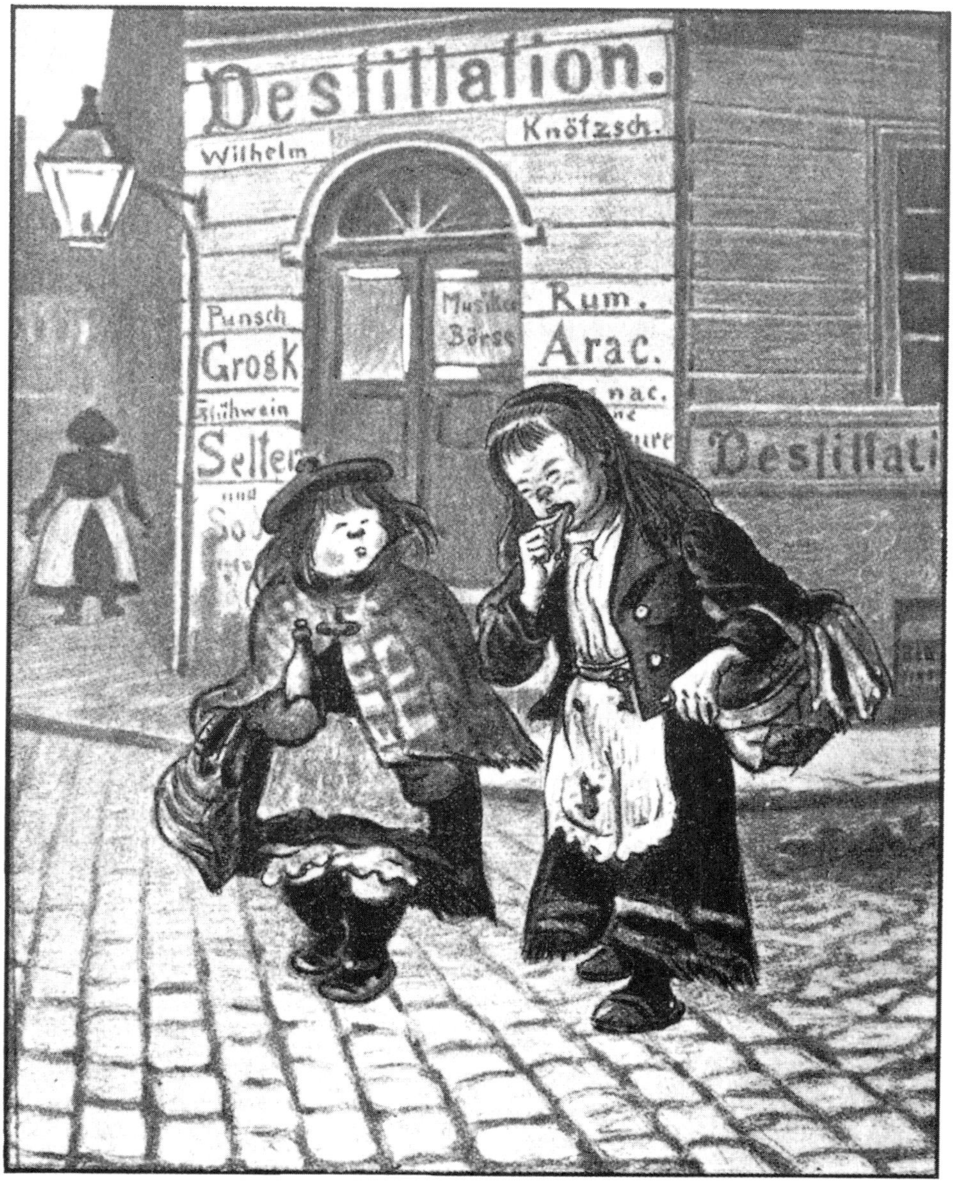

Das kalte Frühstück.

„Vater sitzt in die Destille und Mutter liegt in'n Landwehrkanal; heite gibt's keen Kaffee."

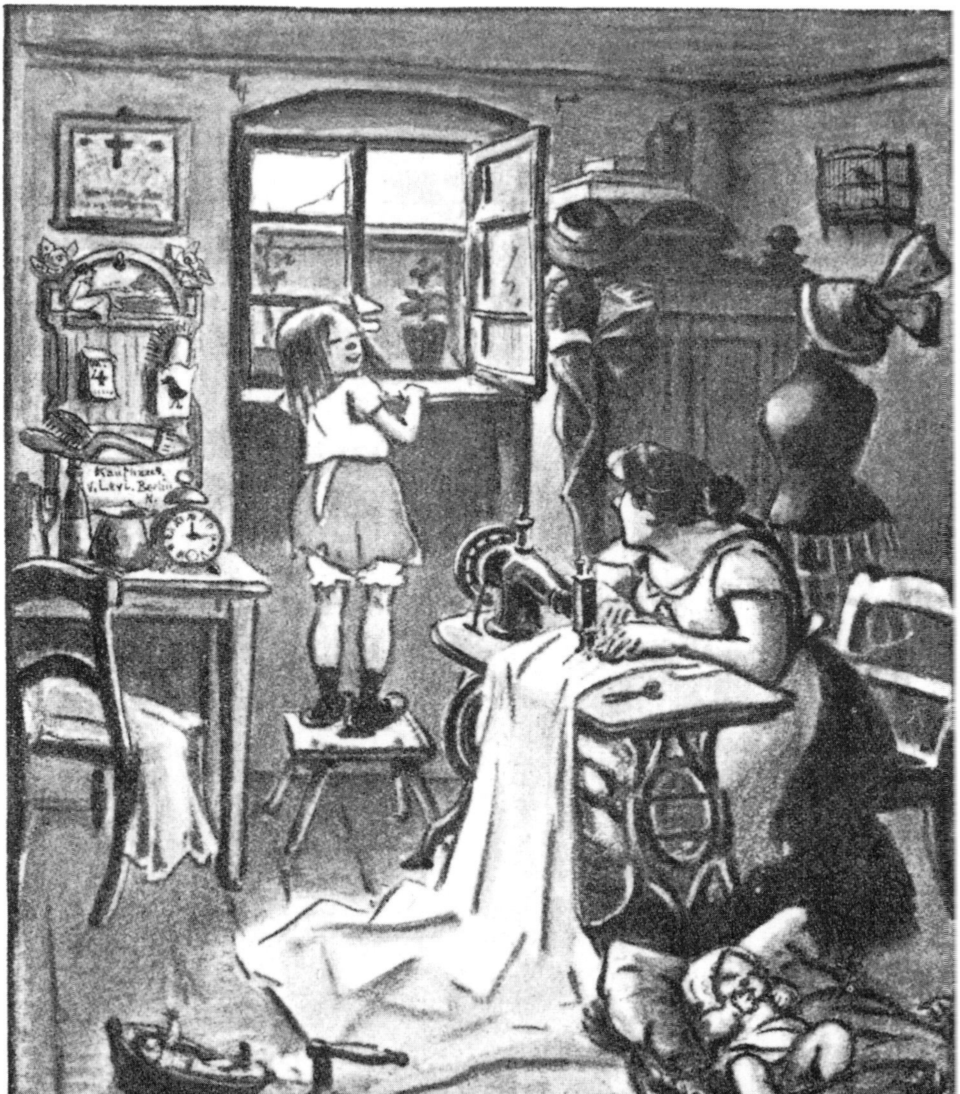

„Mutta, draußen hau'n sich'n paa Besoffne, aba Vata is nich mang — — —!"

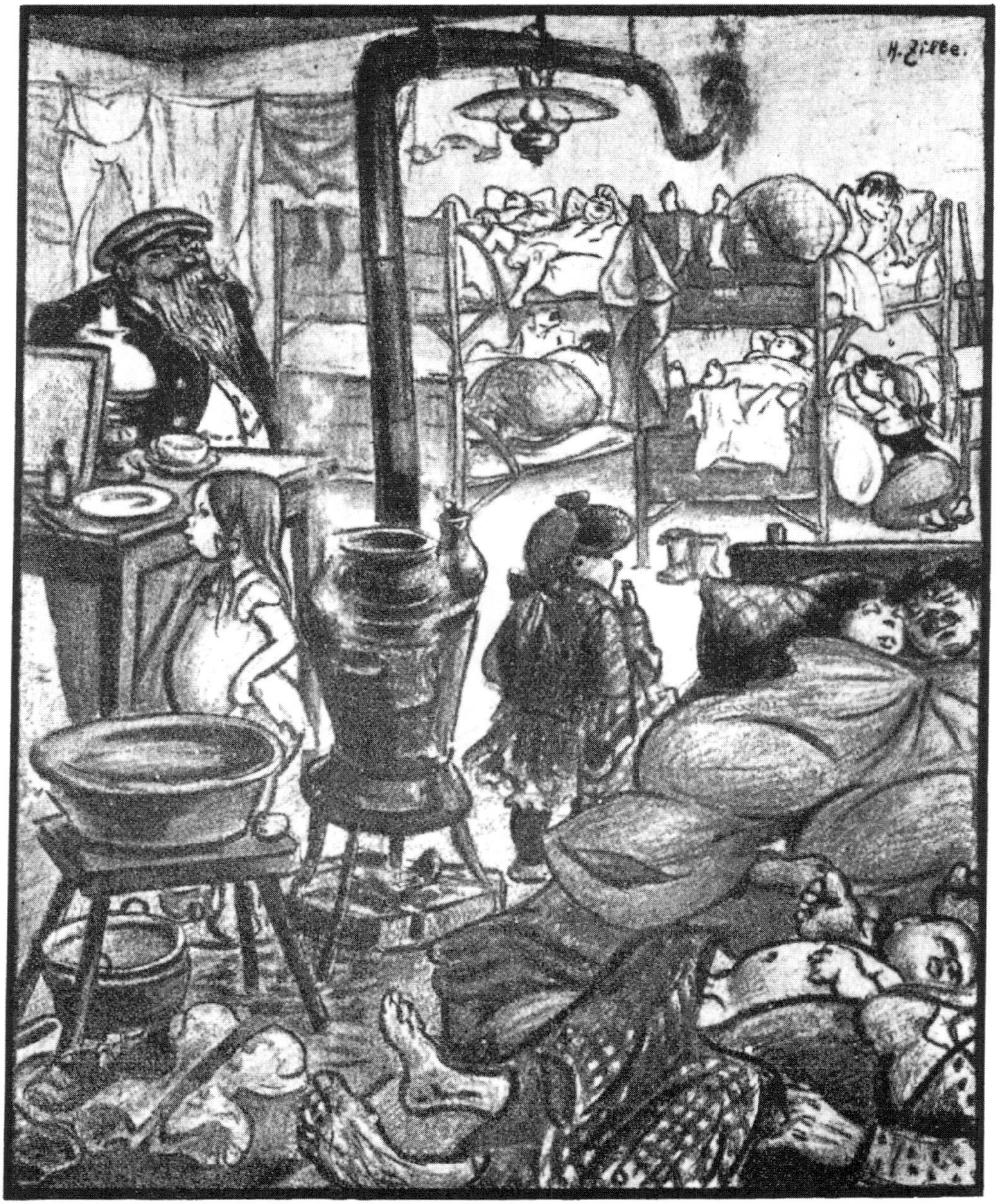

Im alten Schlafburschenheim.

„Seit Errichtung des verdammten „Ledigenheims“ ist's bei mir wie ausgestorben.“

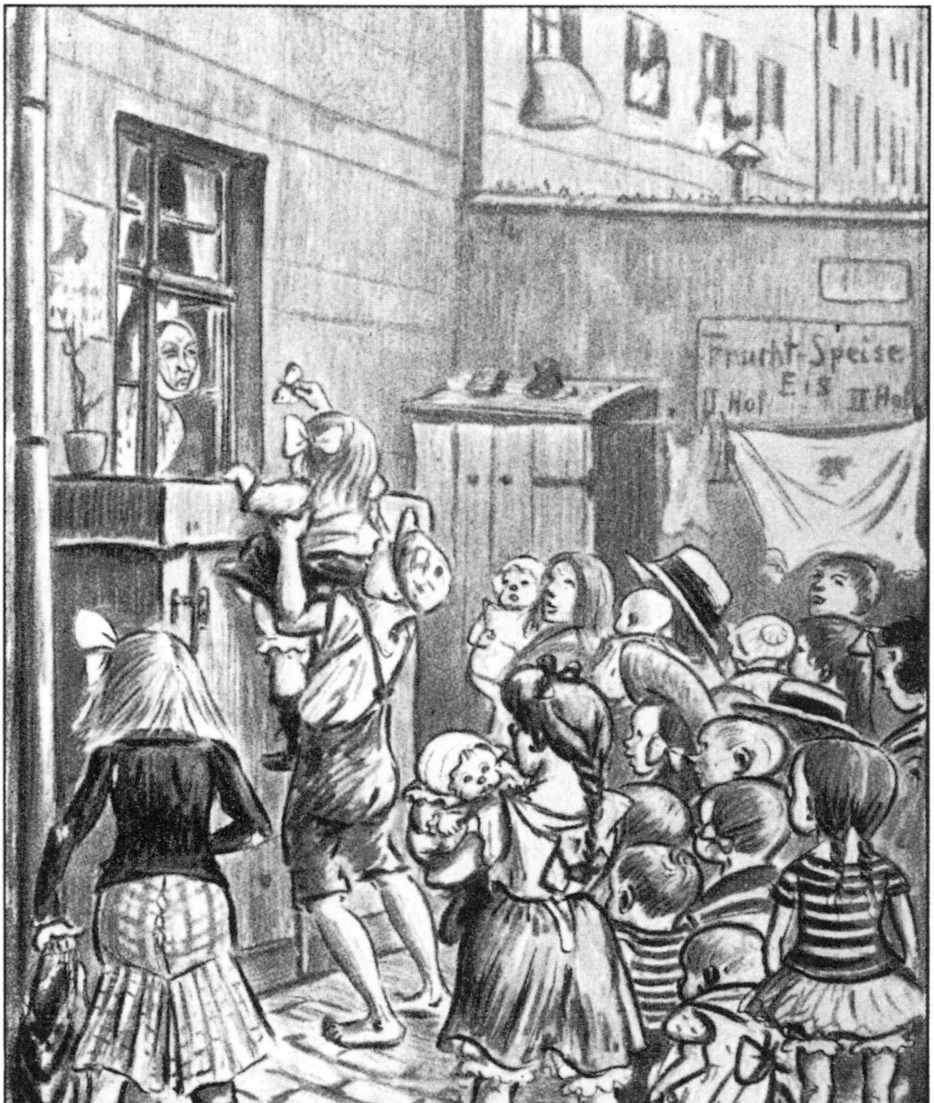

Hof-Sommer.

„Mutter, een S c h m e t t e r l i n g !"

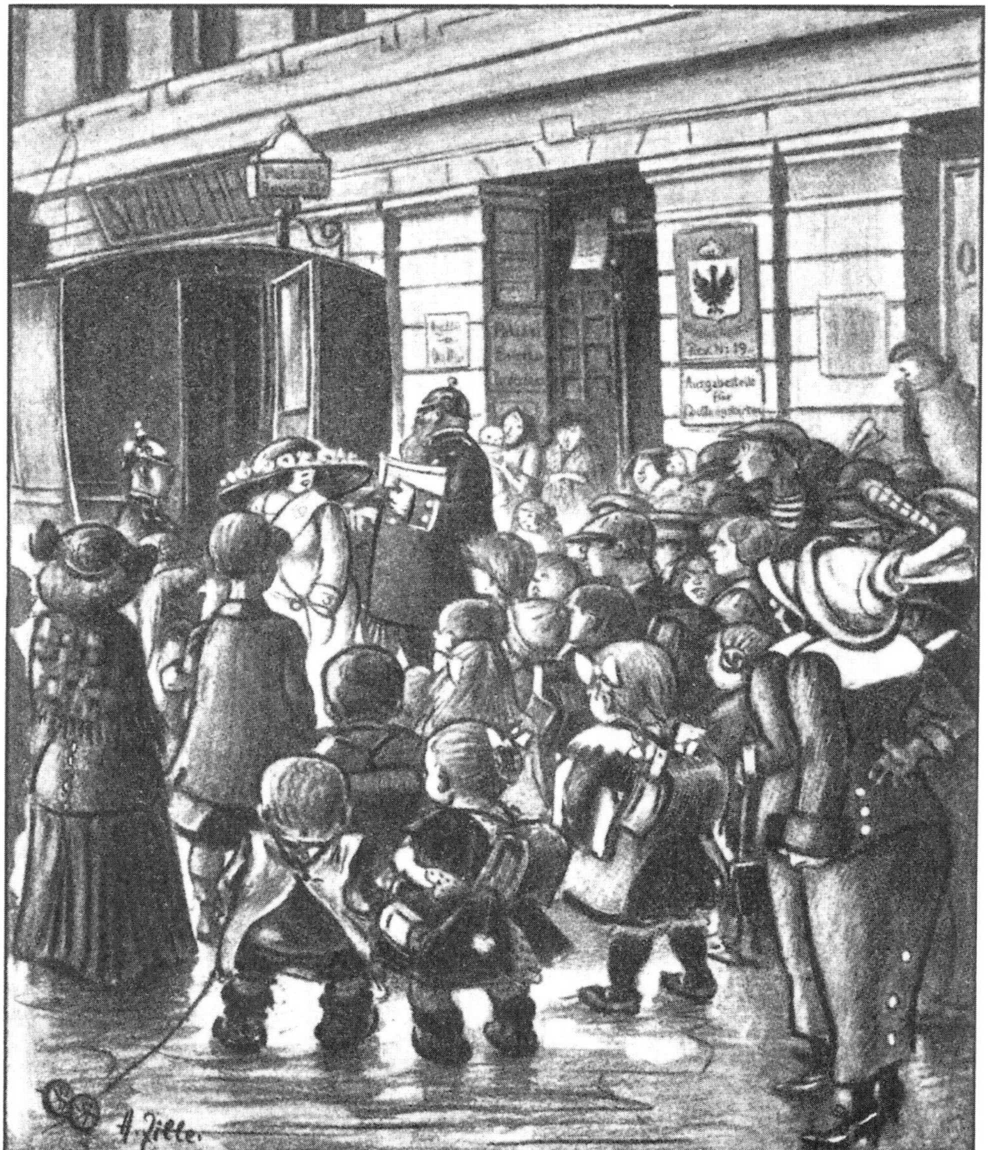

Verwöhnt.

Die Brillantenjule: Aba Herr Wachmeester, immer noch keen blauet Auto!?

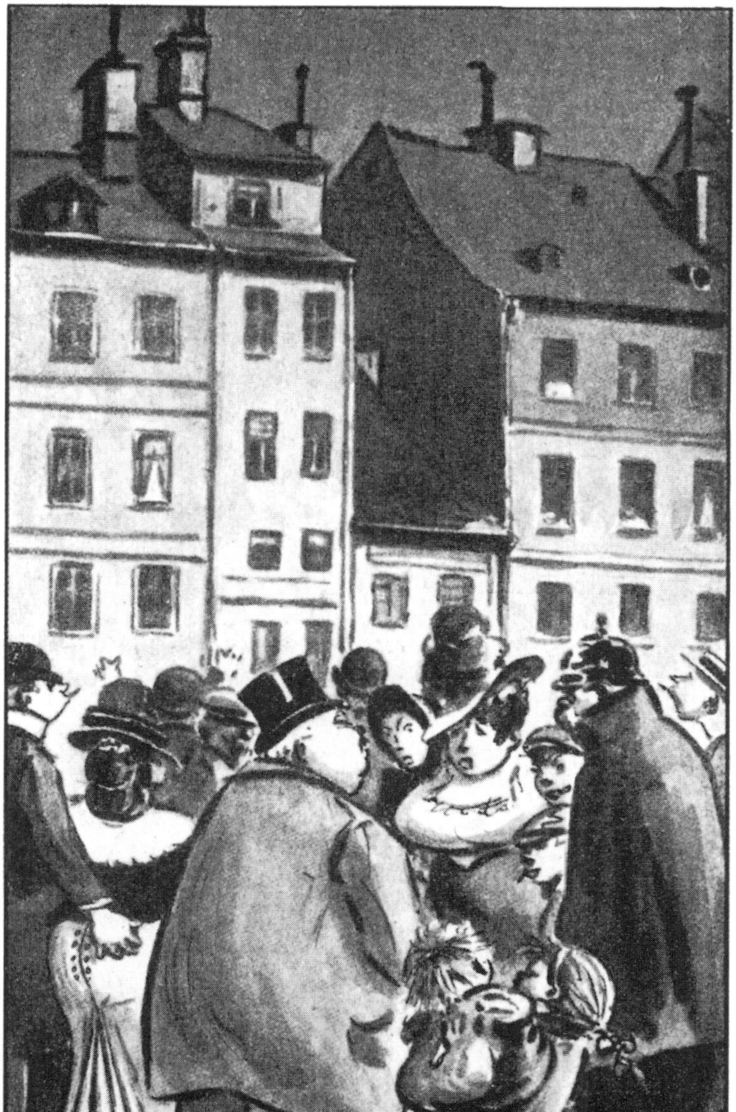

„Alle Tage stürzt sich eener bei mir aus't Fenster, ick habe bald keene Mieter mehr!“

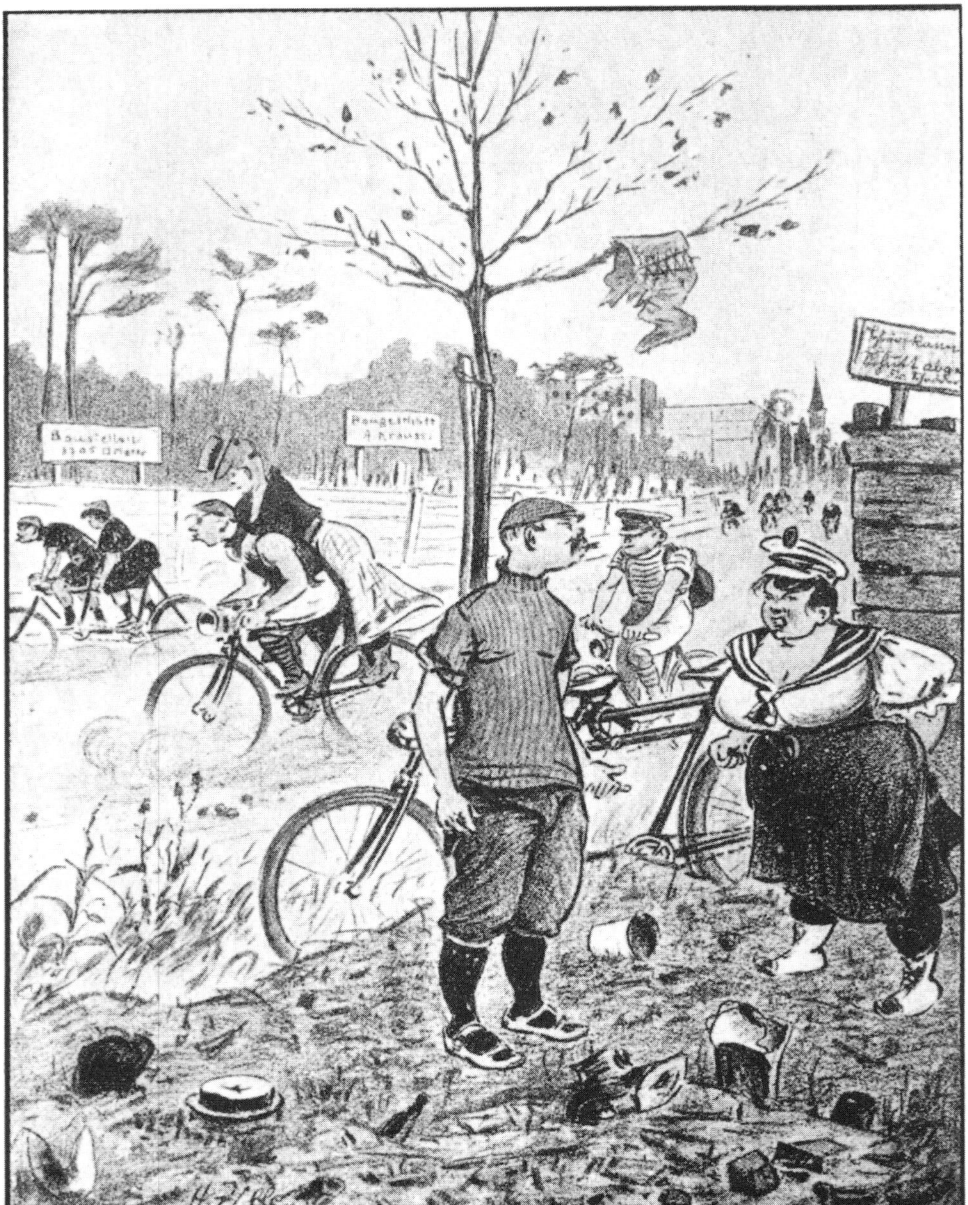

Anschauung.

„Na Niecke, hättste dir doch ne andere Stelle zum Hinfallen ausgesucht.“

„„Aber, ick habe doch man bloß eene.““

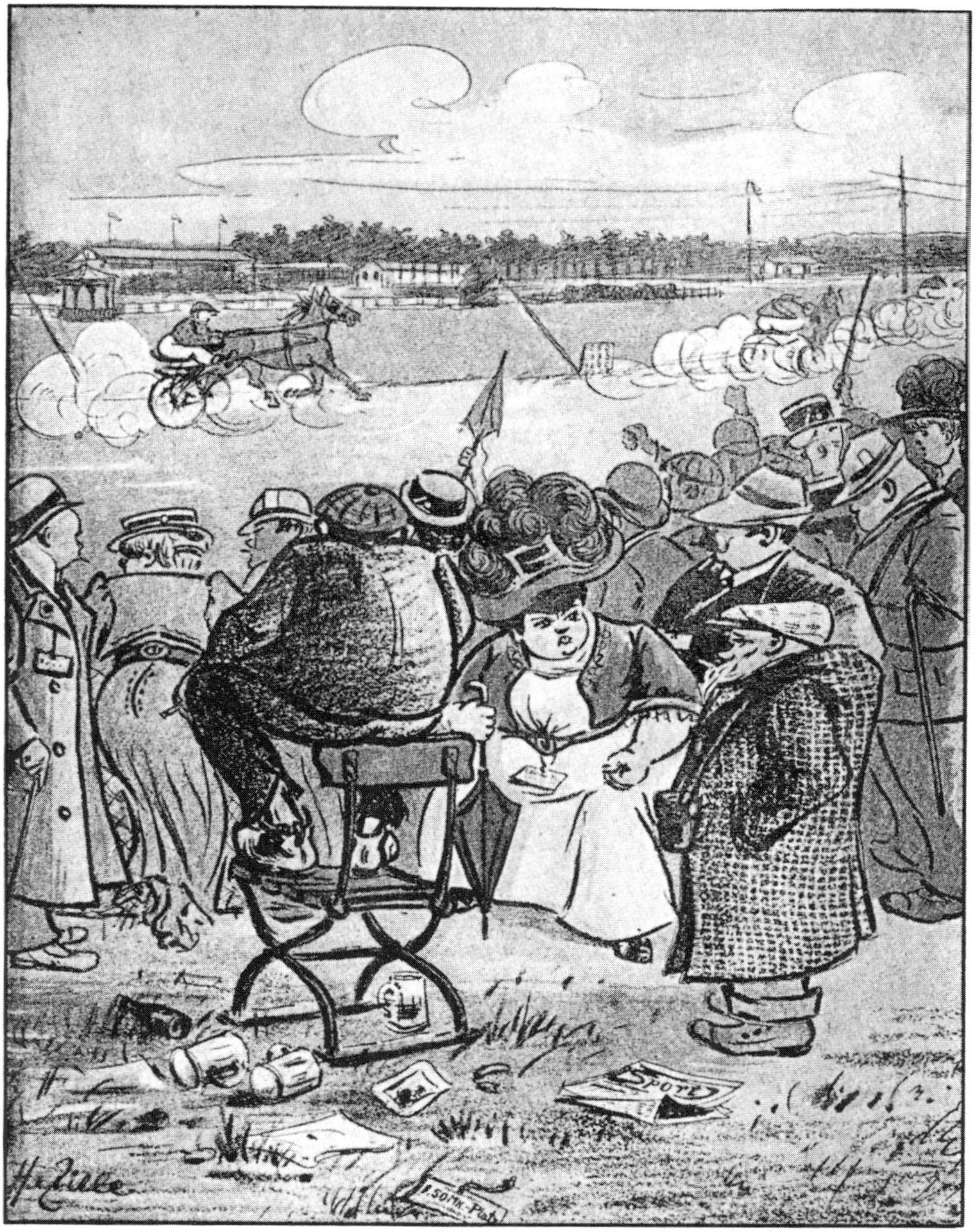

Trabrennen.

„Da haste den Schinder. Ick sagte jleich, nimm doch de „L o r e l e y“, bist doch sonst so for de Weiber!“

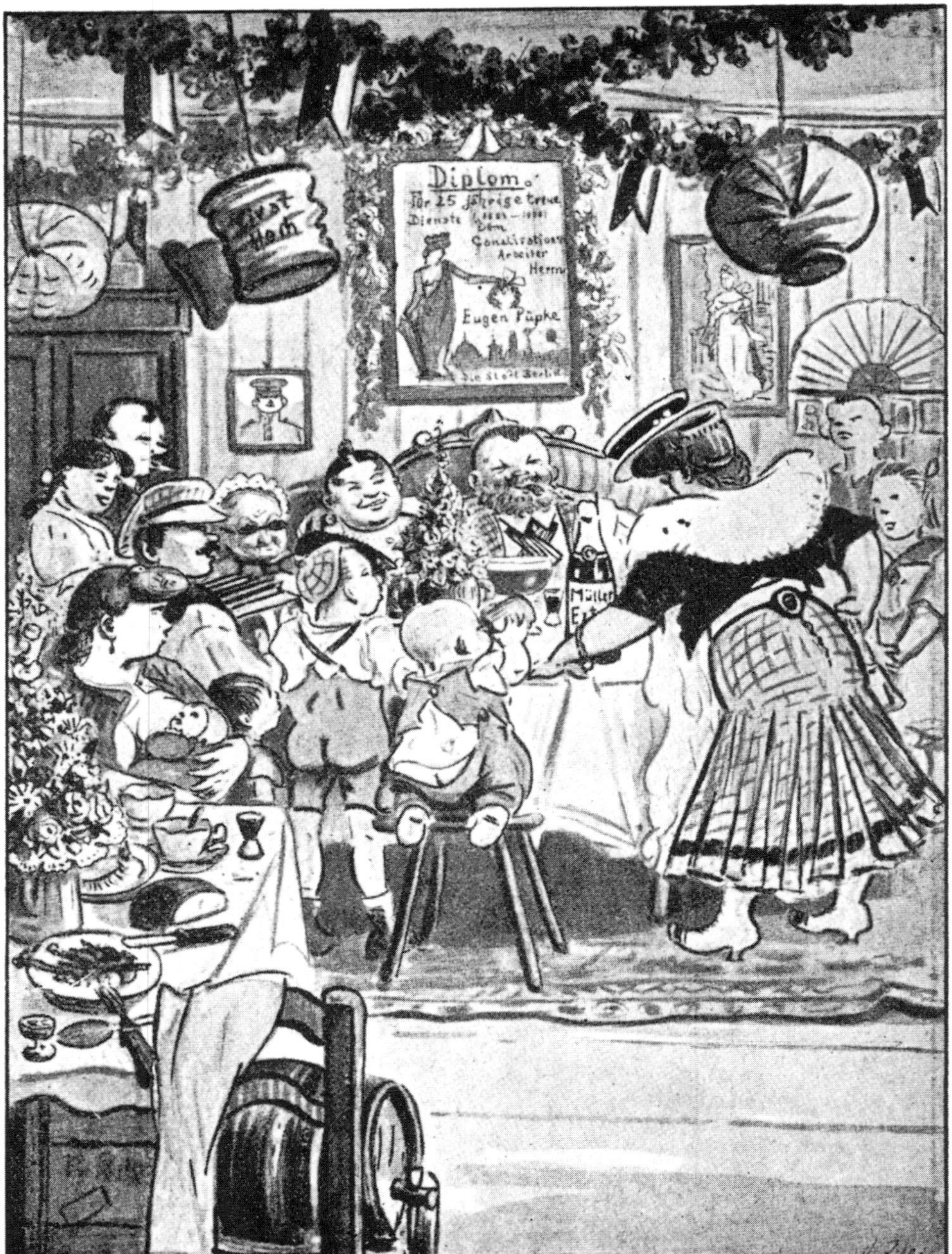

Vater's Jubiläum.

„Hier, Vata, noch wat janz extra's von mein Baron, wat wir imma bei Adlon trinken."

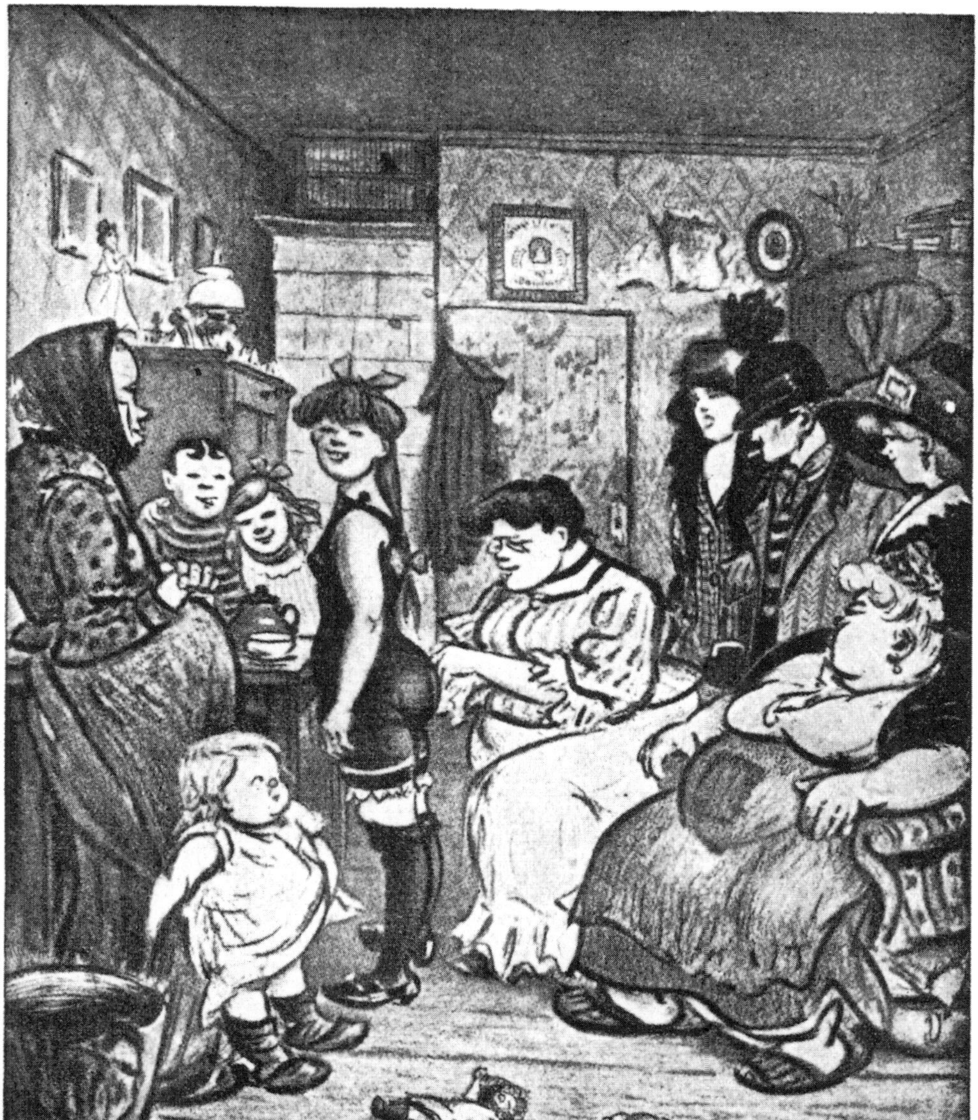

Für die Ferienkolonie.

„Großmutter, wie mein Kostüm sitzt, — ob ick den Schönheitspreis kriege?“

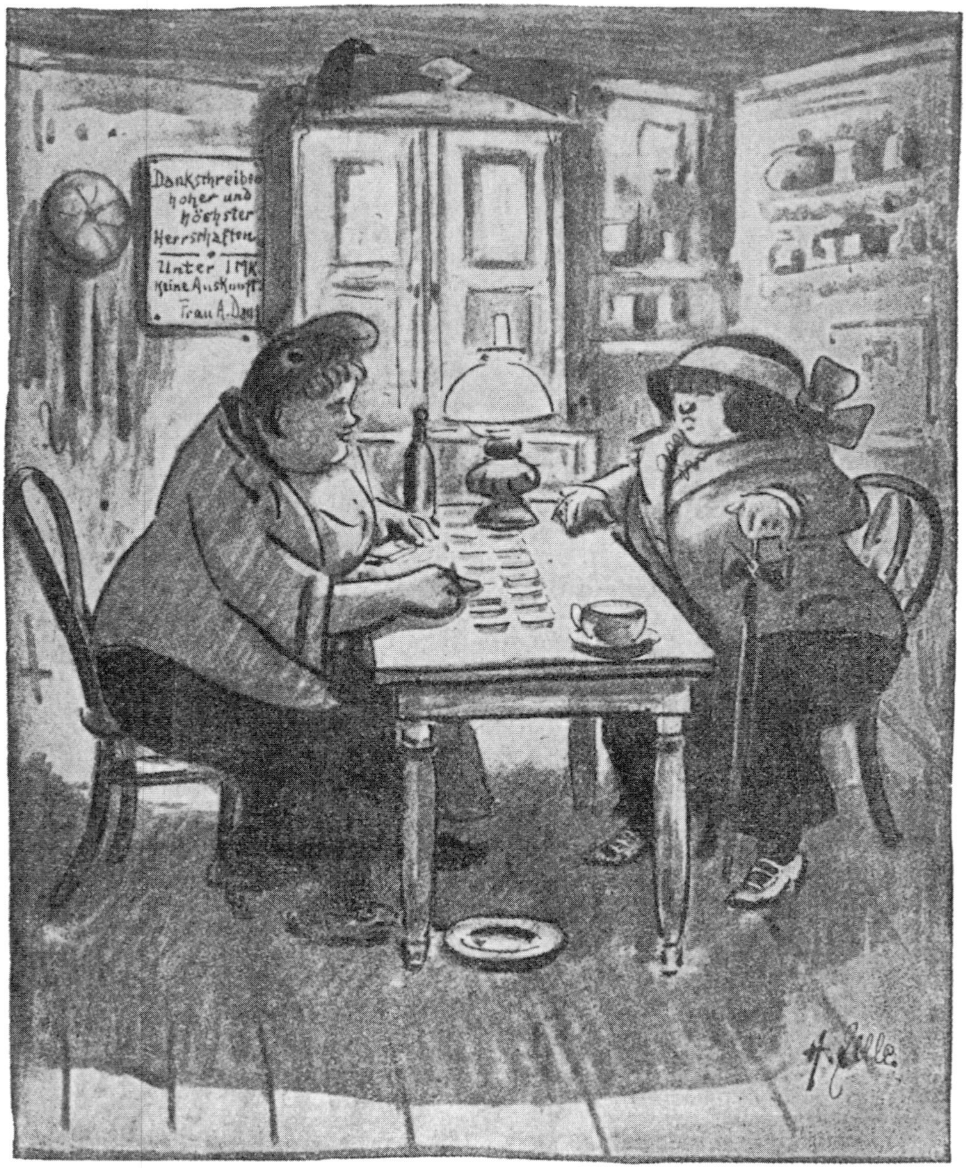

Bei der Kartenlegerin.

„Die Karten liegen jut, eens. zwee, drei, viere. fünfe, sechse, sieben, Carobube, een Herr liegt uff de Stube, een blonder — aber nu hier, Zwillinge, dunkle, Freilein Sie kriegen noch zwee Kinder — —“

„„Frau Dreyer, un von de H e i r a t steht wieder nischt drinn!““

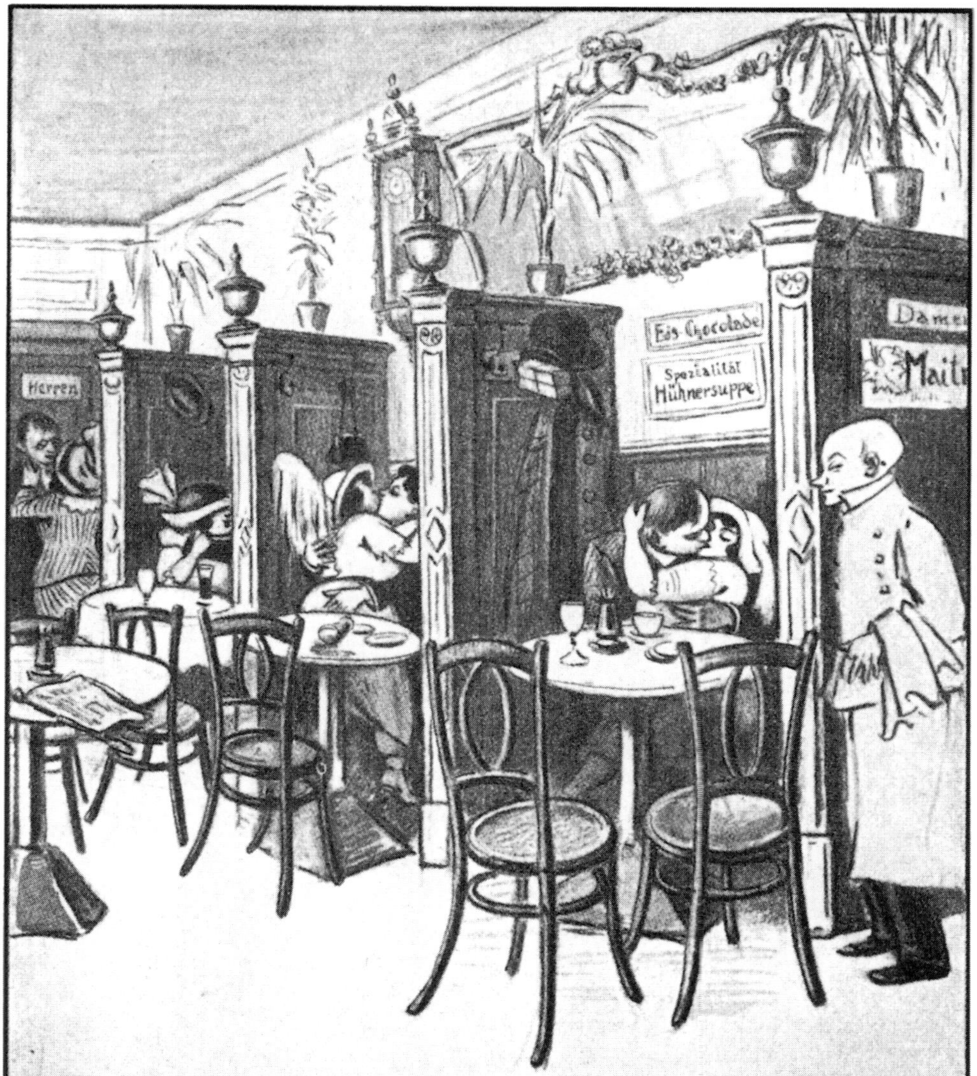

Frühling in der Konditorei.
„Stille Zeit.“

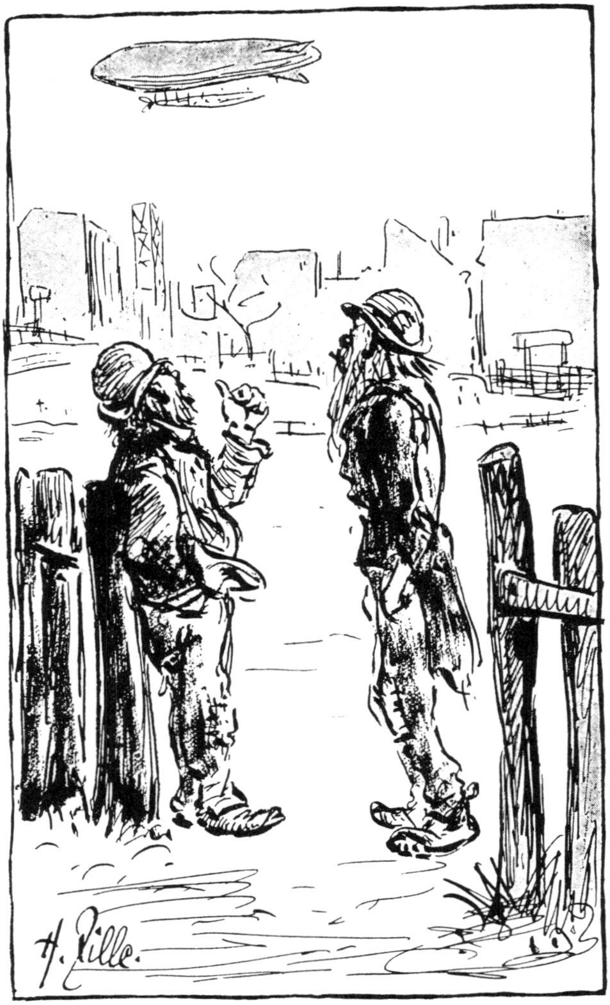

Das Luftschiff „Schwaben".

„Du, Ede, haste schon mal so'n jroßen ‚Schwaben' jesehen?"

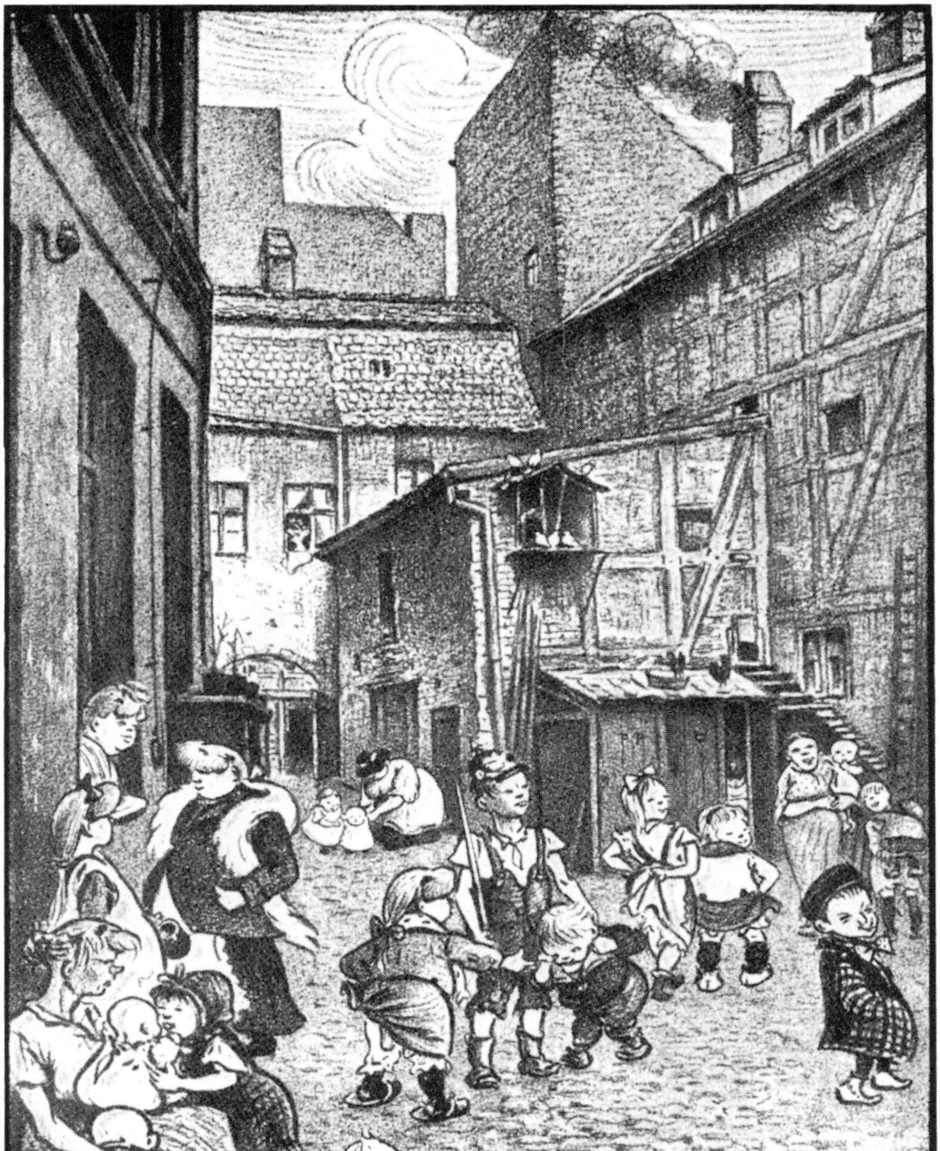

Spiel.

„Herr Schutzmann, der Mann hat mir eben anjesprochen!“

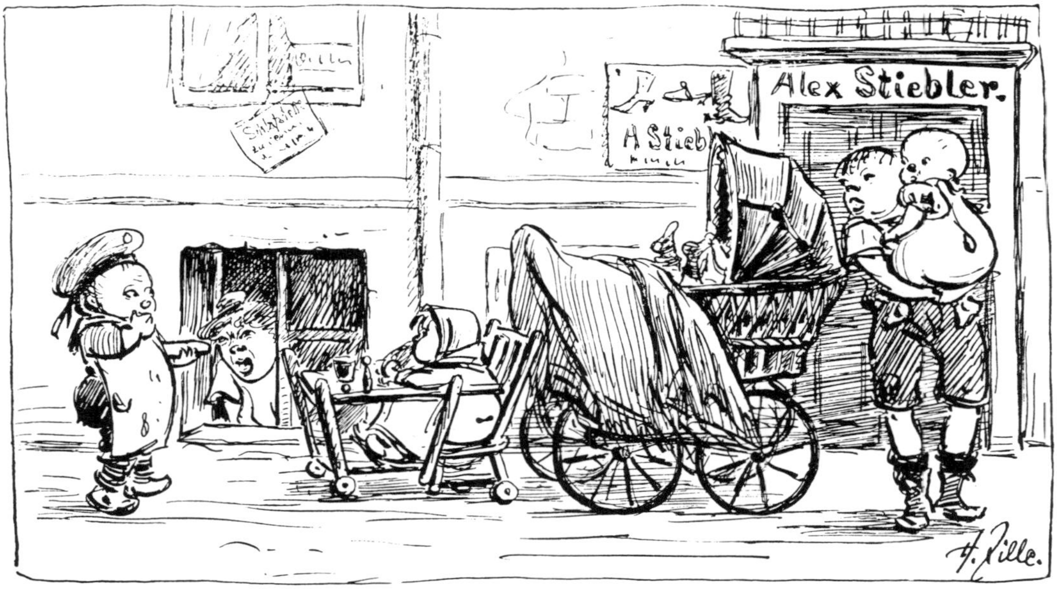

„Erſt war dir die ſaure Gurke zu fett, nu frißte det Schmalz von de Stulle!"

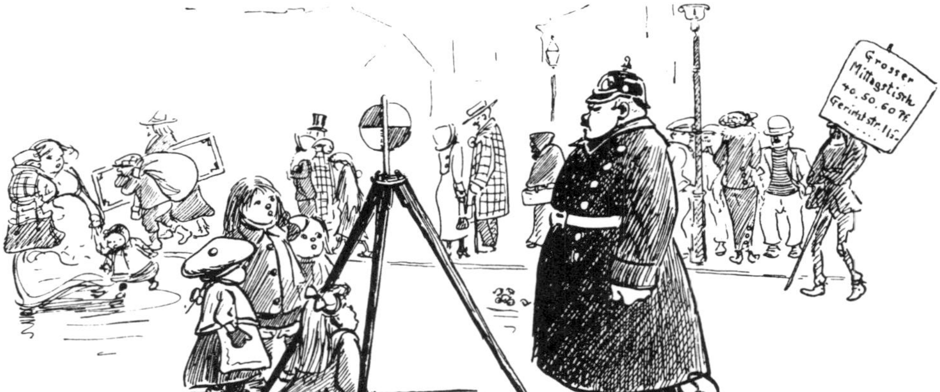

Am „Kanal".

„Was ſoll das, was macht ihr denn da?"
„„Wir bring'n Vata'ns Mittag!""

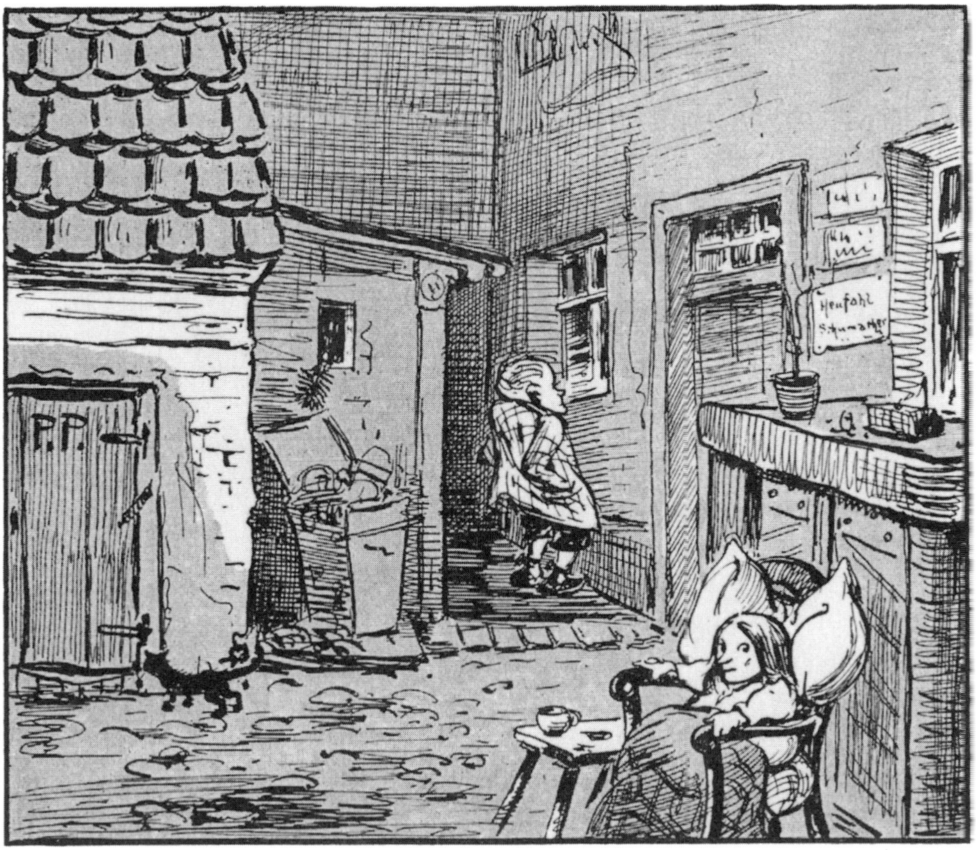

Im stillen Gäßchen.

„Mutta, jieb doch die zwee Blumtäppe raus, Lieschen sitzt so jerne ins Jrüne!“

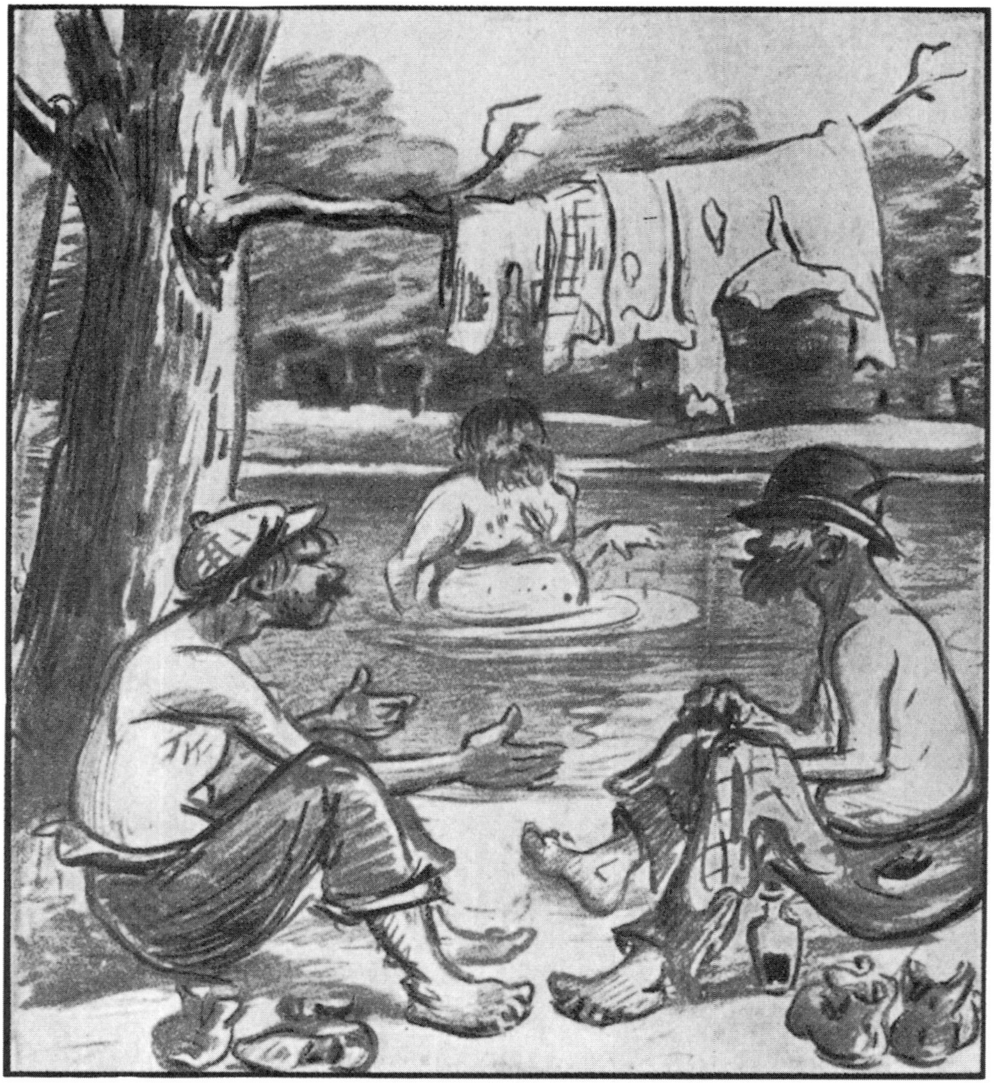

Pennbrüder.

„— et jibt ooch Schweine unter uns, die jar nischt uff sich halten!“

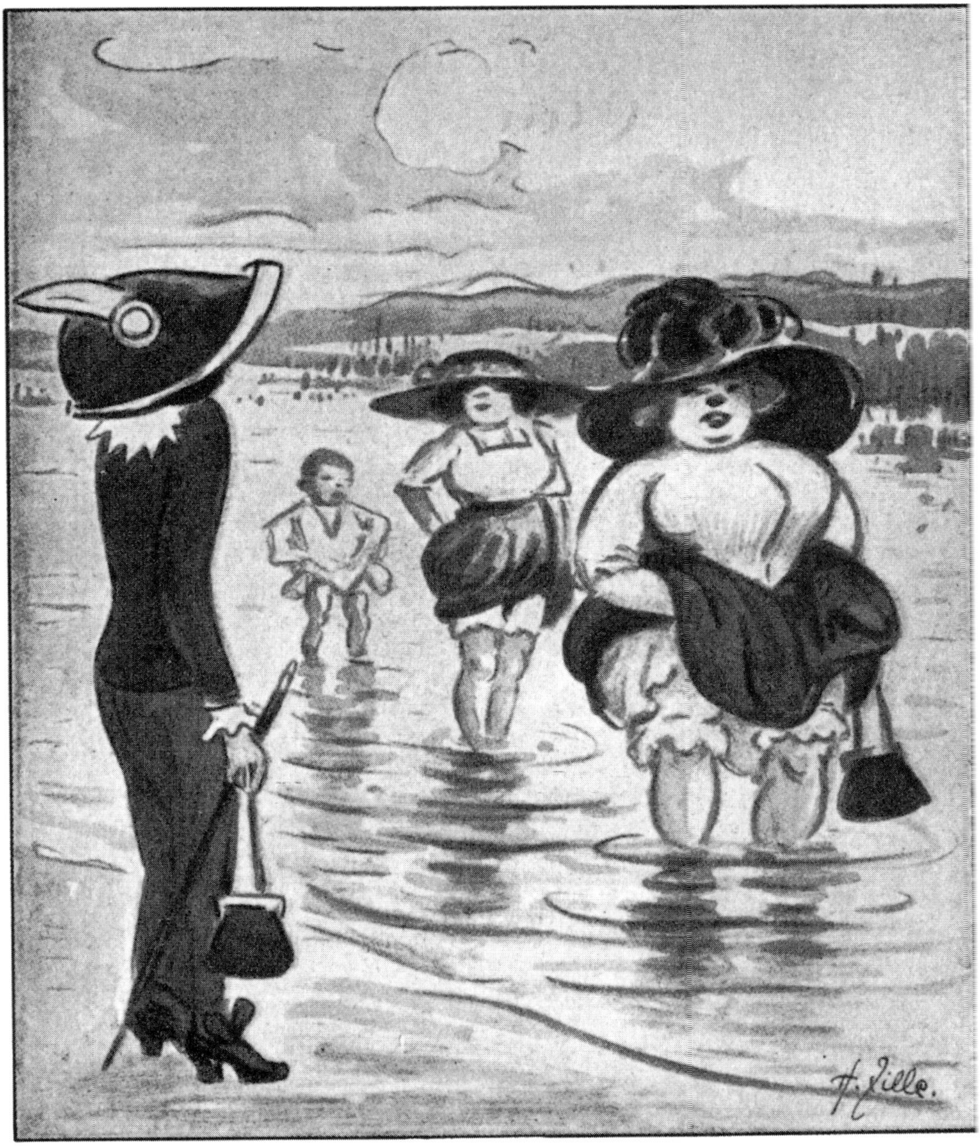

In Tegel.

„Wat kommste denn nich rin, Mieze?“
„„Tante, ick kriege det Kostüm nich alleene hoch!““

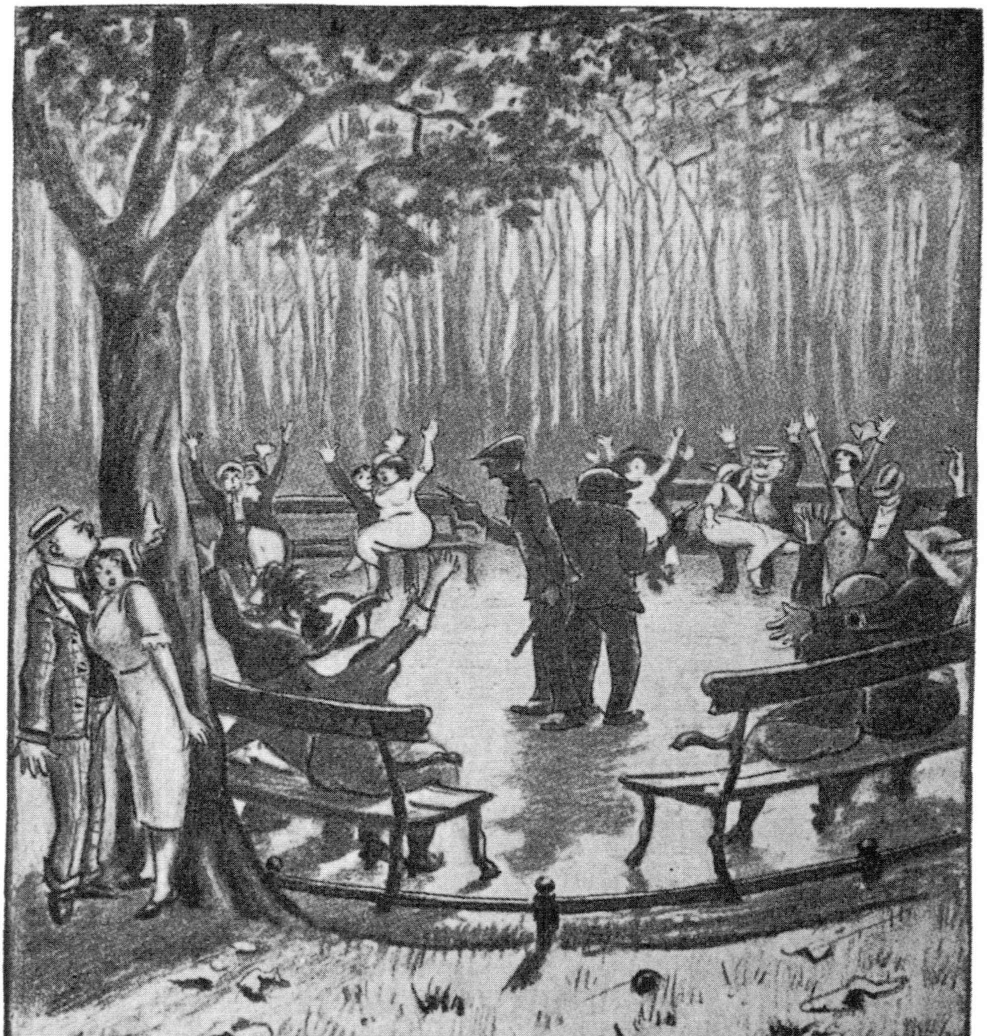

Amerikanische Sitten.
Maiennacht im Tiergarten.

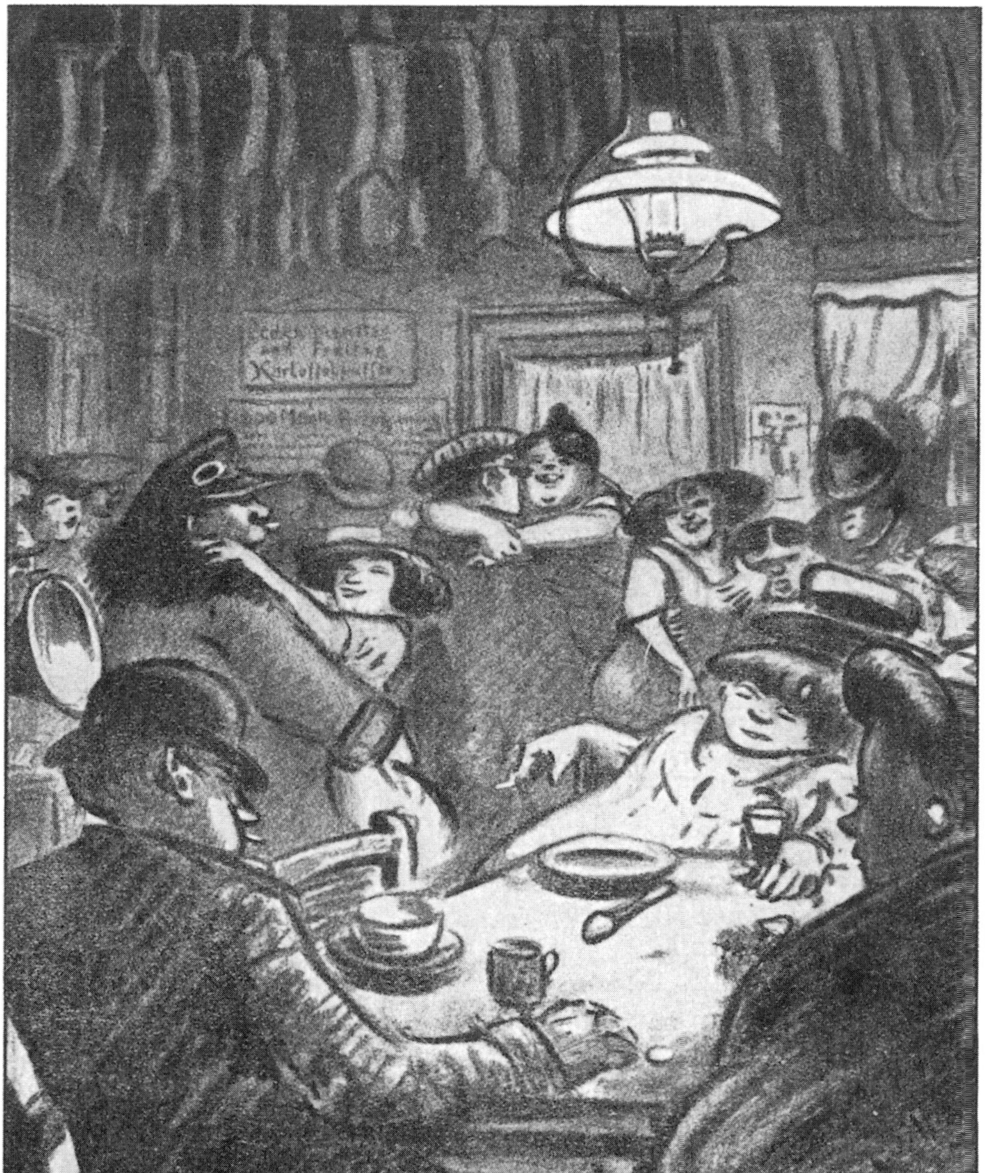

Im Bouillonkeller.

„Warum heiratste nich die Liese, Paule? Sie kocht dir, sie wäscht dir, sie flickt dir, — un wenn de besoffen bist, weeste wo de hinjehörst!“

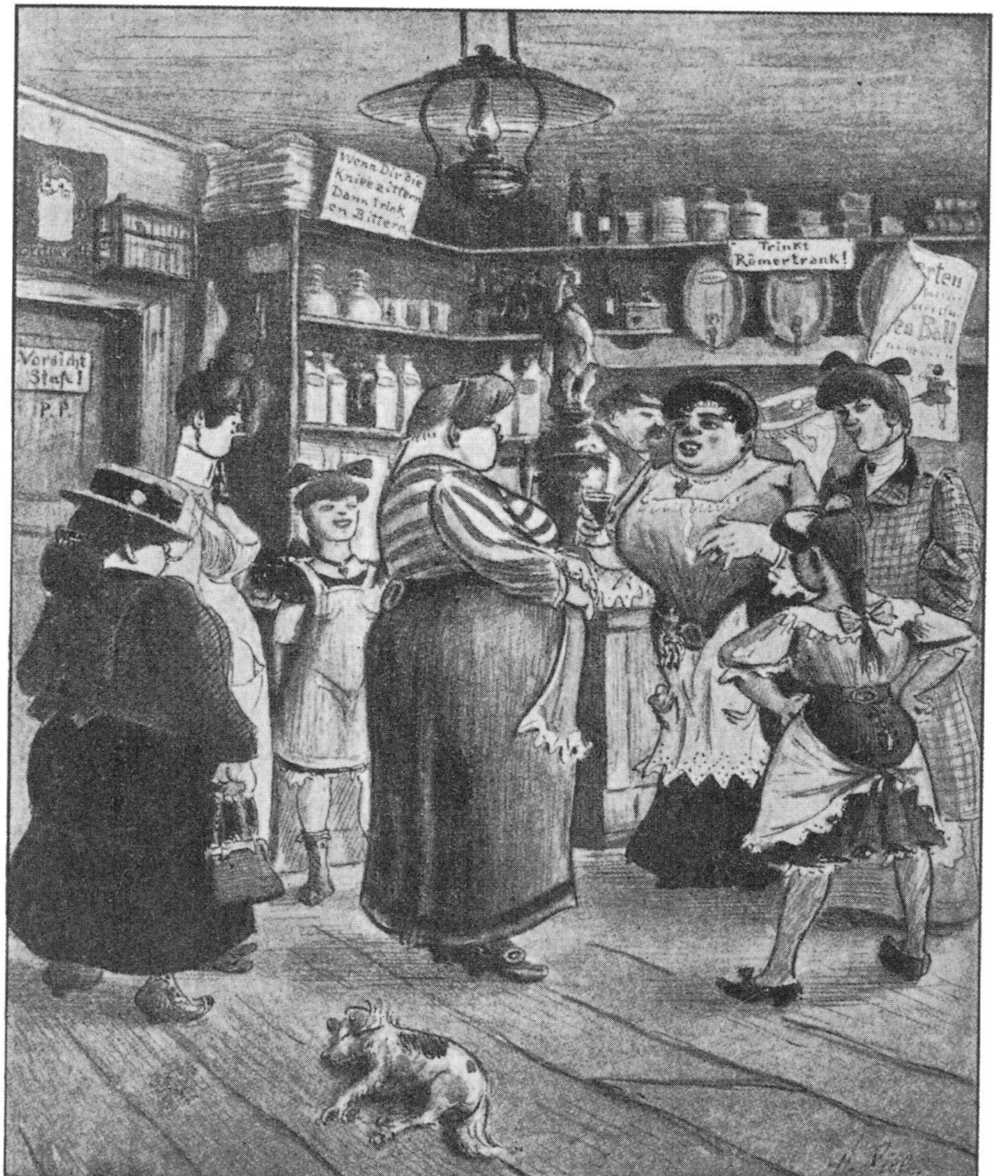

Selbsthilfe.

„Wenn Se uns ooch noch sollten eene neue Steier uffknallen, weeß Jott, Olja, ick passe — da wer ick lieber wieder anständig!"

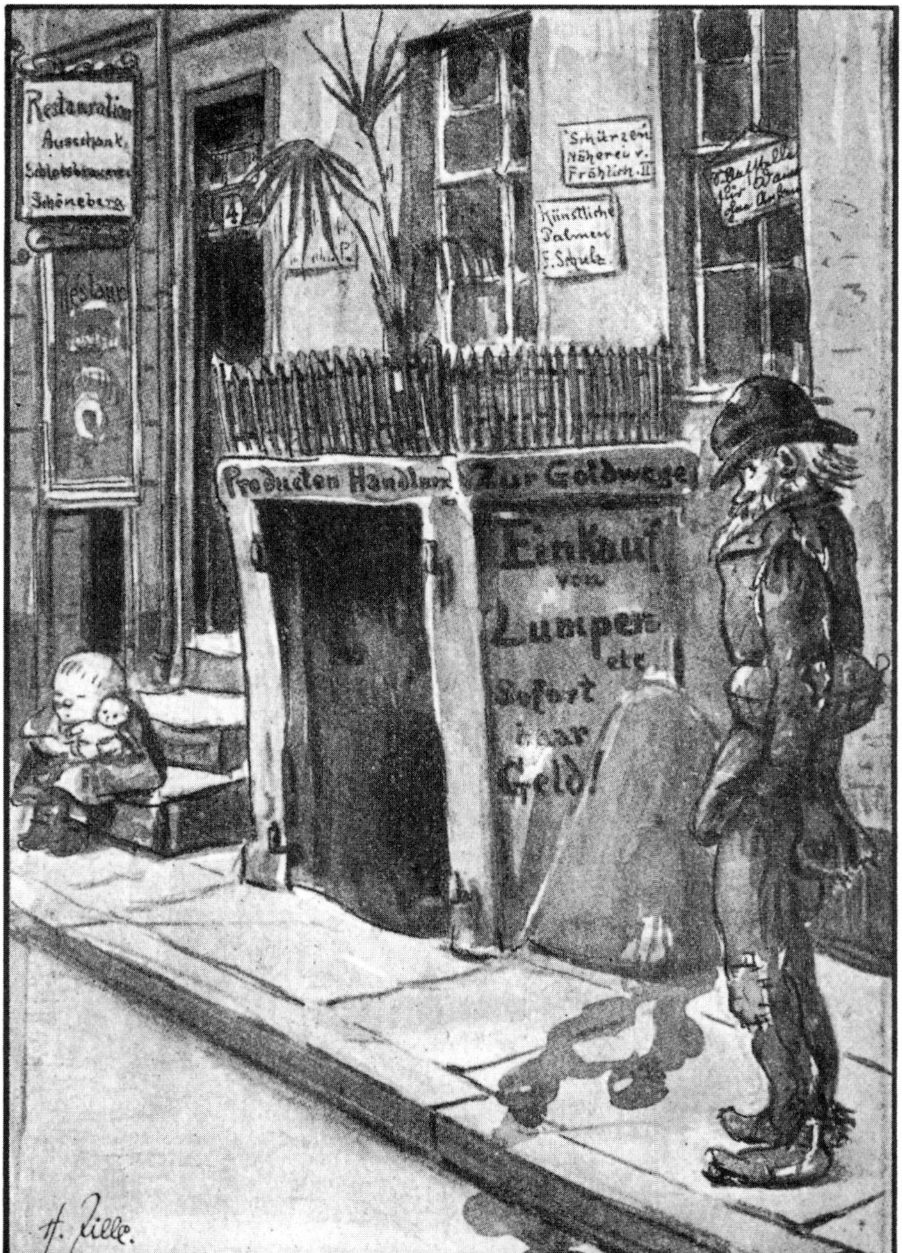

„Wenn ick jetzt Lumpen hätte!“

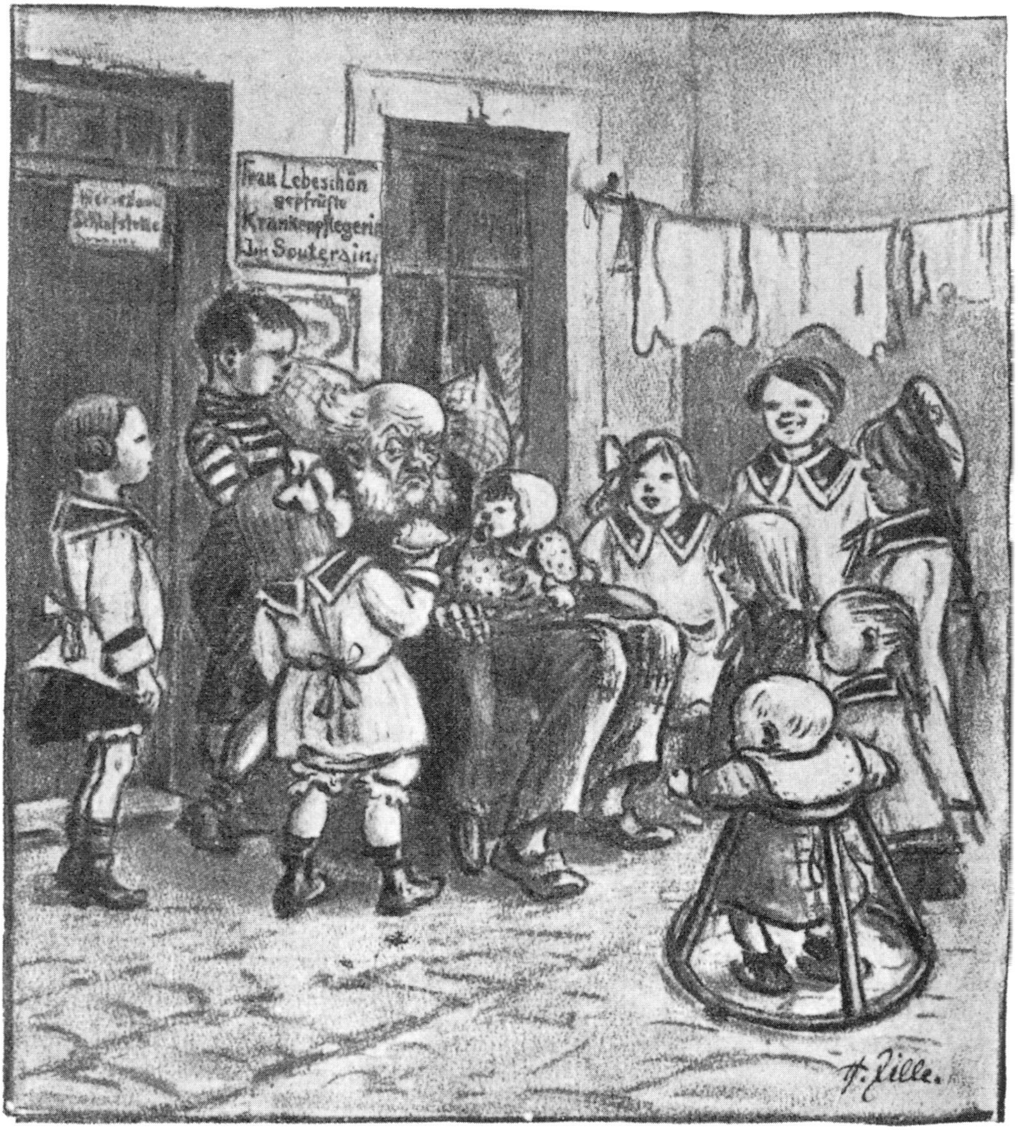

Zurück aus der Ahlbecker Ferienkolonie.

„Großvater, halten Sie mal die Muschel an Ihr Ohr, — — — so rauscht det Meer!"

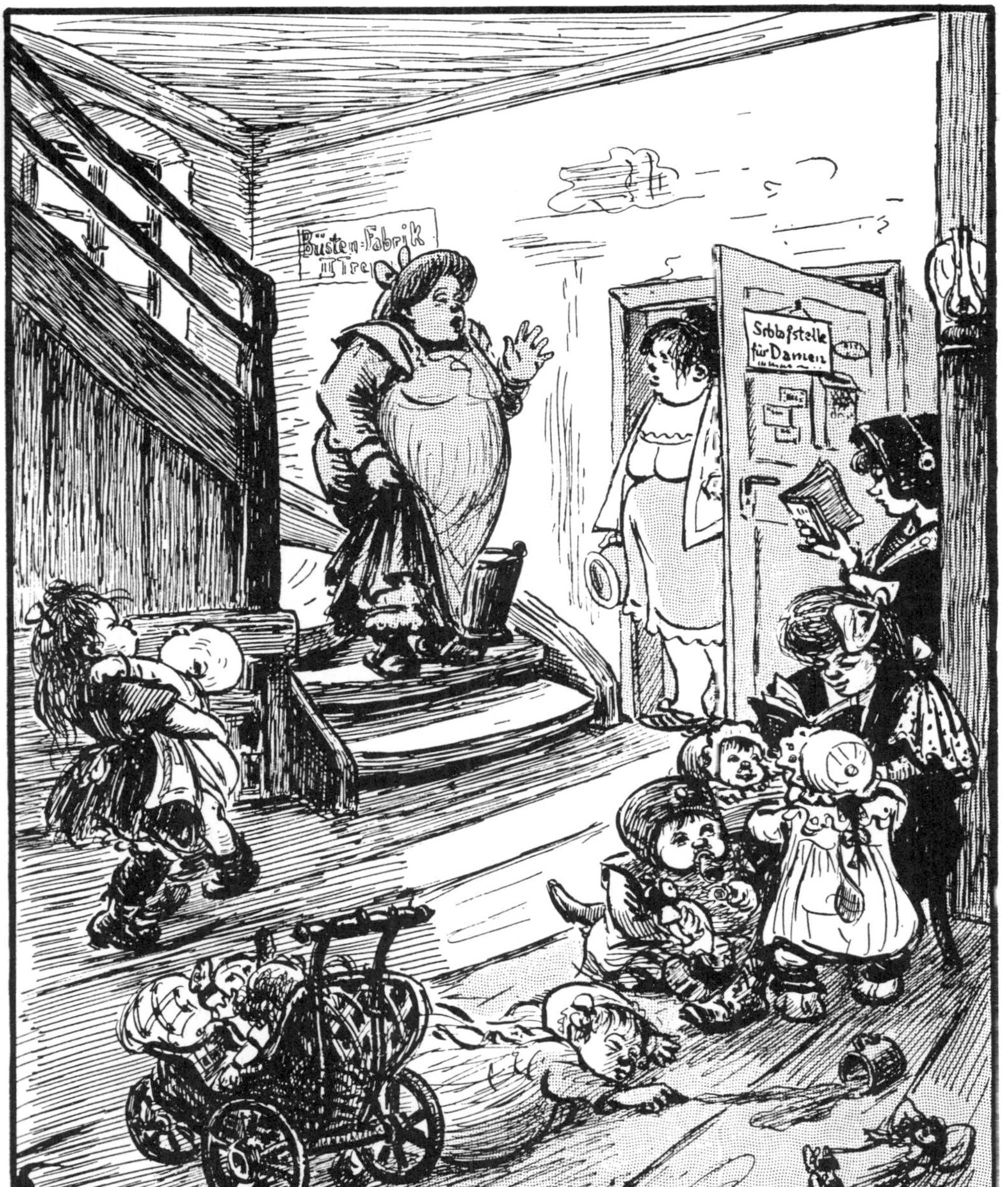

Warnung.

„Ick sage Ihnen, Freilein Hela, lassen Sie det mit den Kerl. Der lullt se so mit Redensarten in, det Se nich kenn' aus de Oojen kieken!"

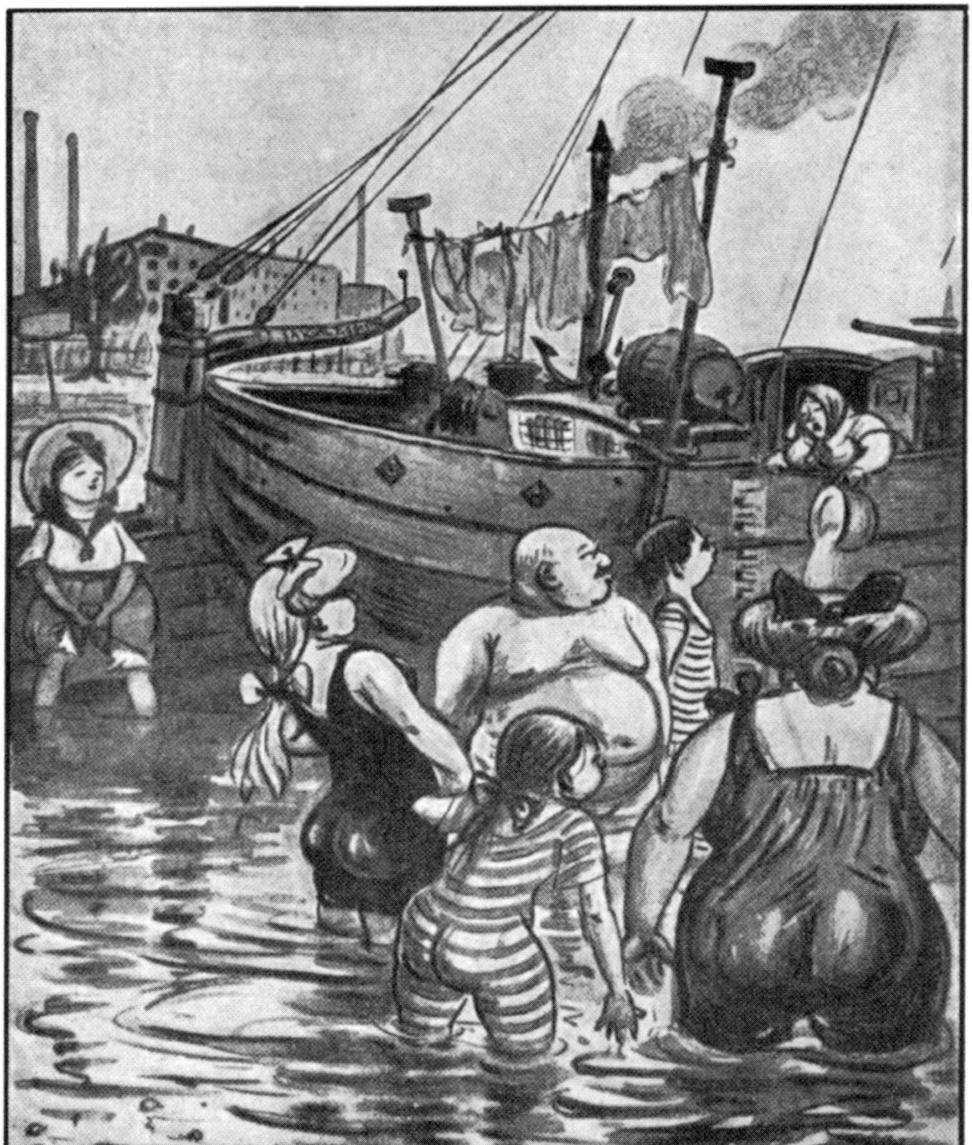

Am stillen See.

„Ihr rührt det Wasser uff, und wir kenn' nachher unse'n Kaffee damit kochen!"

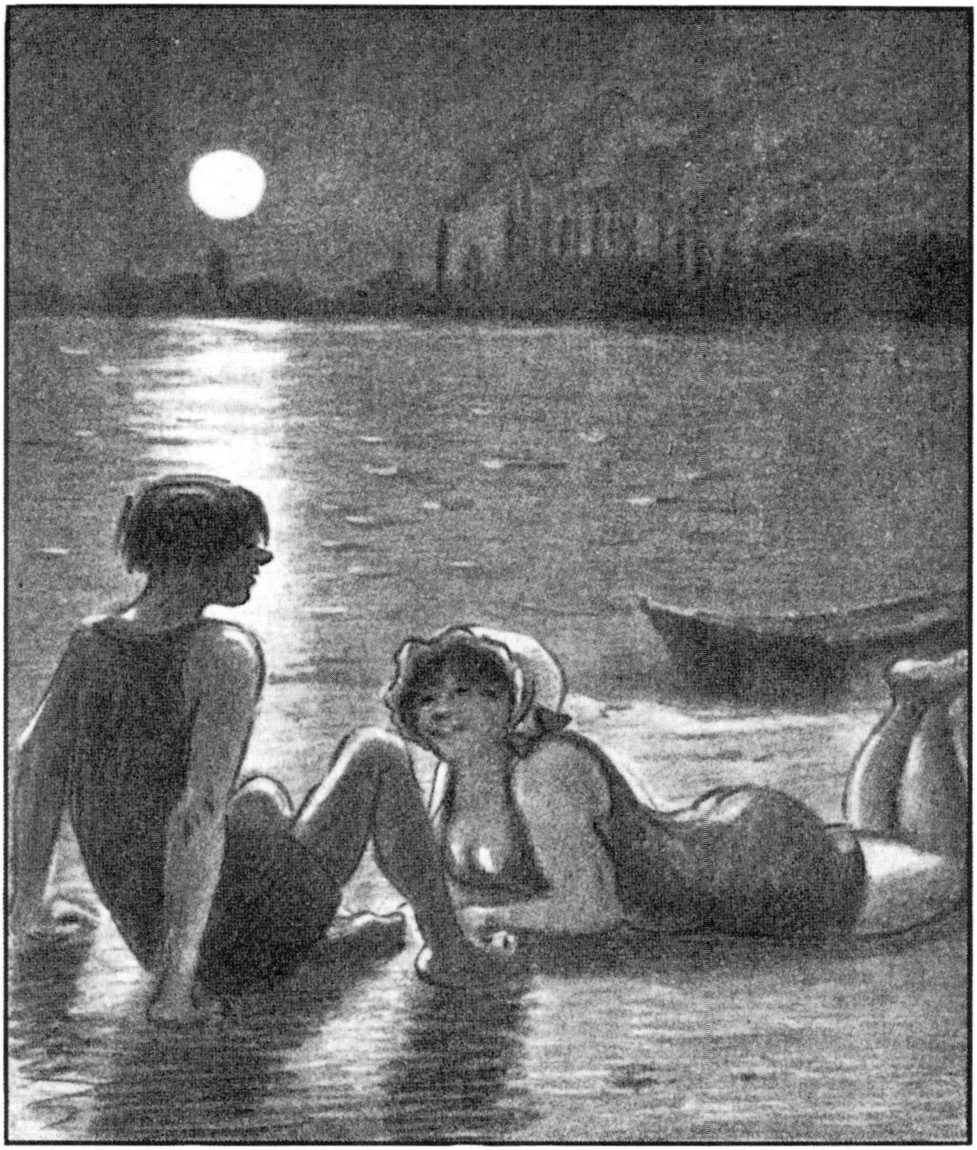

Baumwerder.

„Und was ist Ihr Beruf, Fräulein?“ —
„„Ick arbeete uff Strom!““
„Dann hat Ihr Vater einen Kahn?“ —
„„Ach nee, uff die A. E. G.““

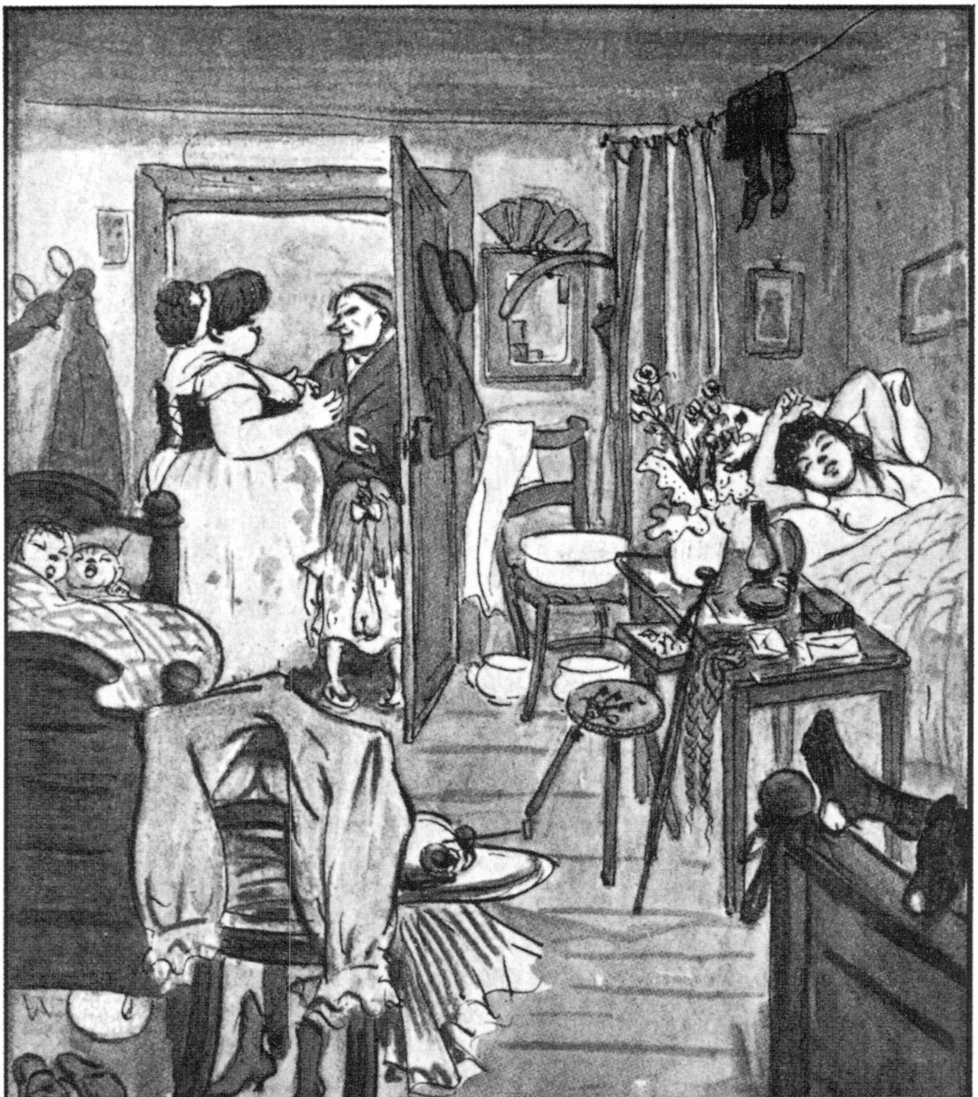

Modern.

„Mit ihre Clara, Frau Eiring, ist's woll nischt mehr mit de Schreibmaschine"

„„Och, Frau Brömel da hat se lange abgehau'n, se filmt uffen Kintopp, aber nur erstklassig!""

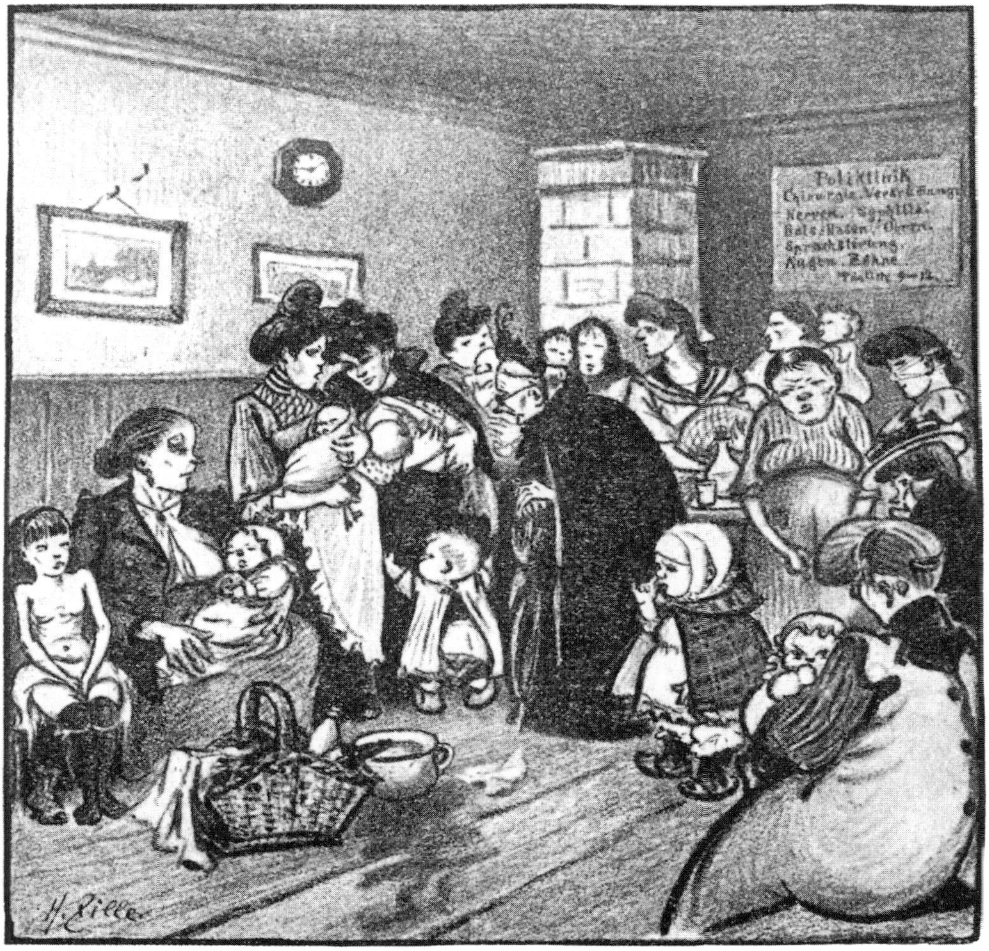

In der Poliklinik.

„Das Kleine sieht recht mikrich aus!“

„„Is die Nachbarn ihr's! An die Mutter is ooch nischt, Tanzfräulein, jetzt sitzt se!““

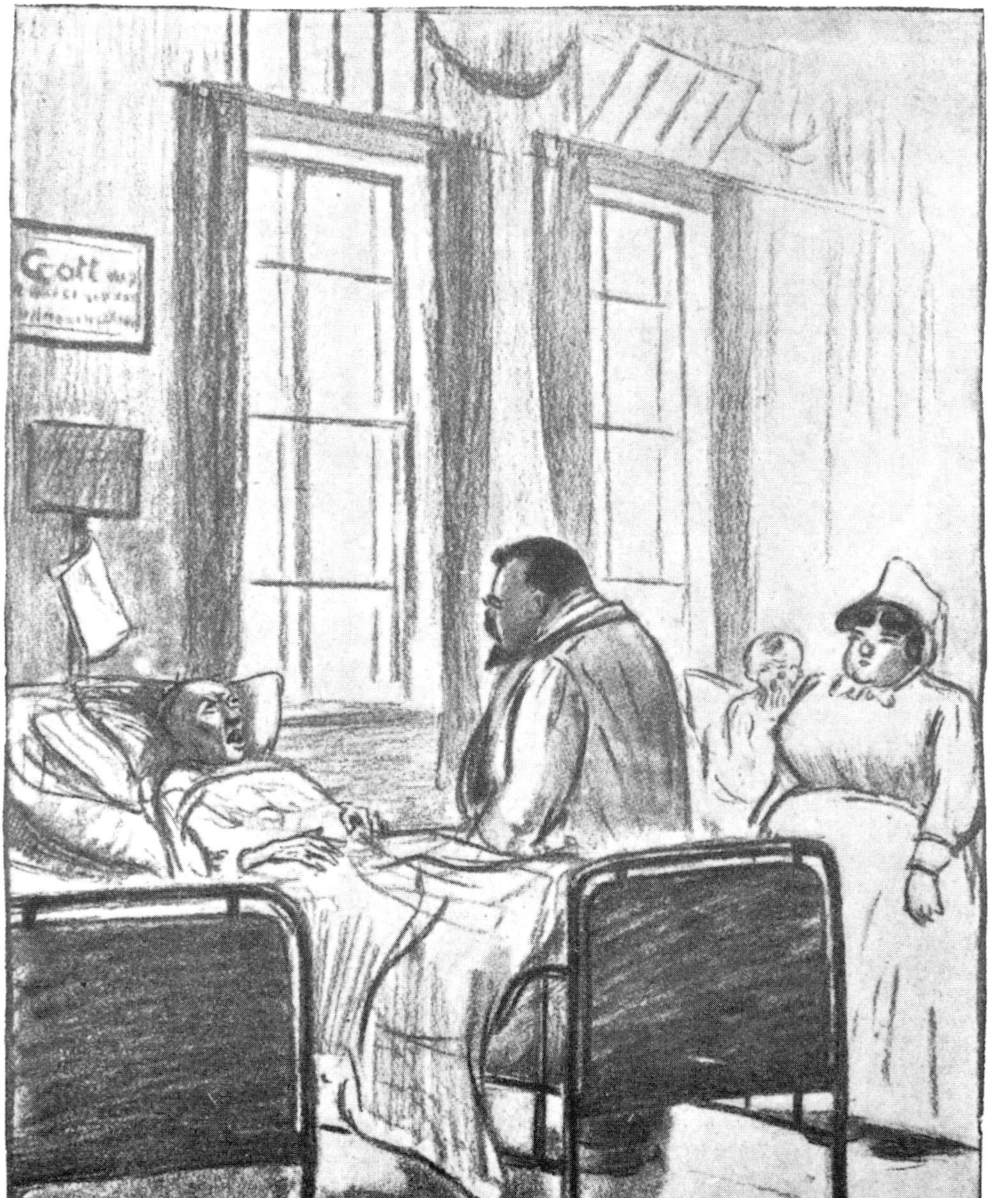

Im Krankenhaus.

„— ich war — immer — een Luftikus —, Herr Doktor —, un nu — kriege — ich — keene — Luft!

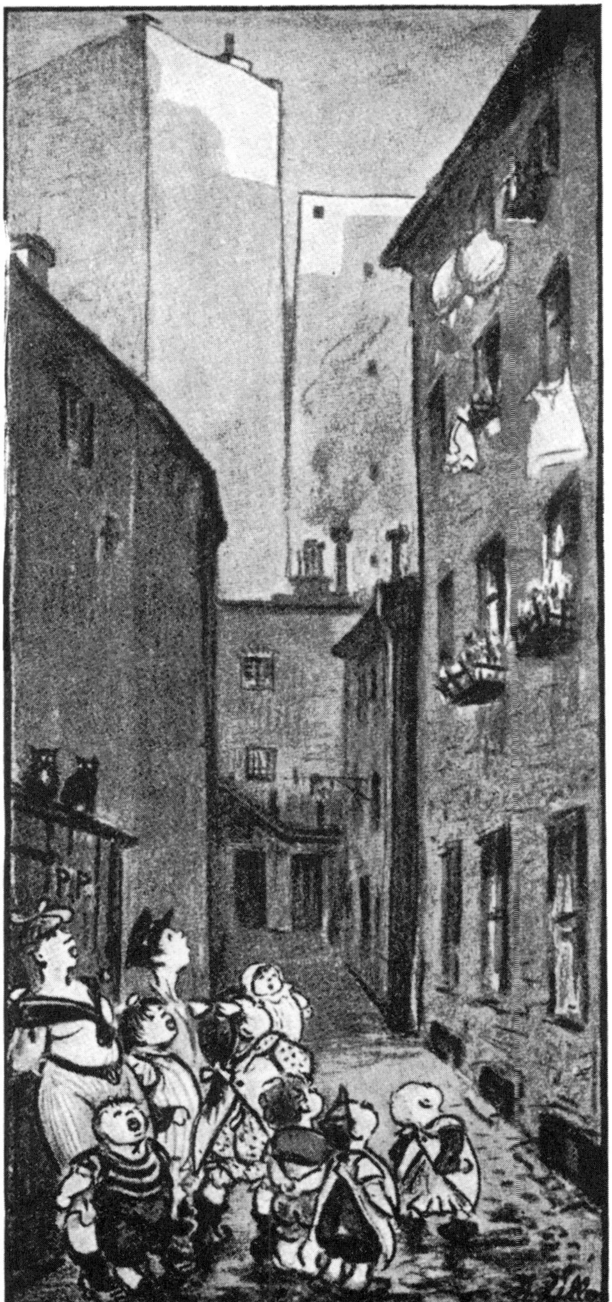

„Mutta, schmeiß Stulle runta!"

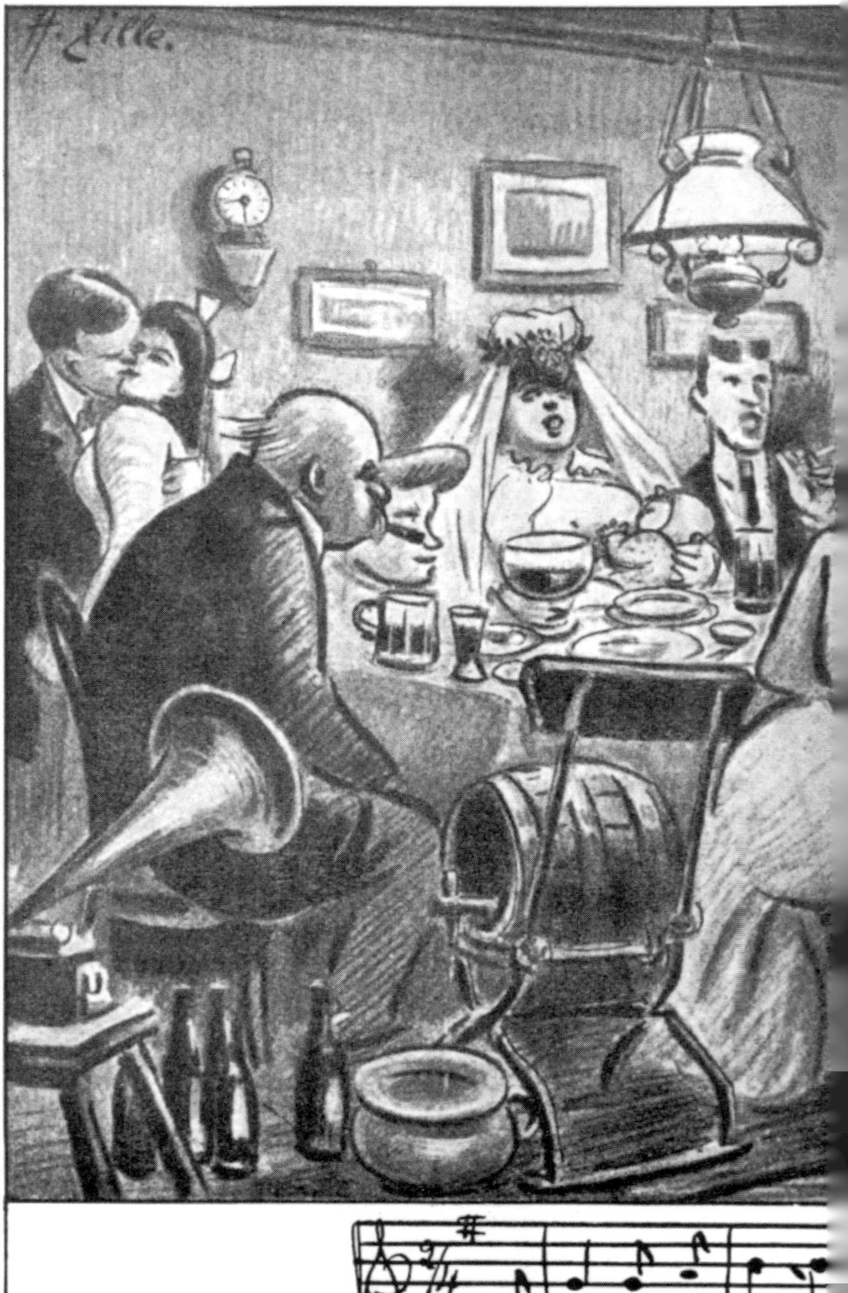

Hochzeit bei Päsicke's.

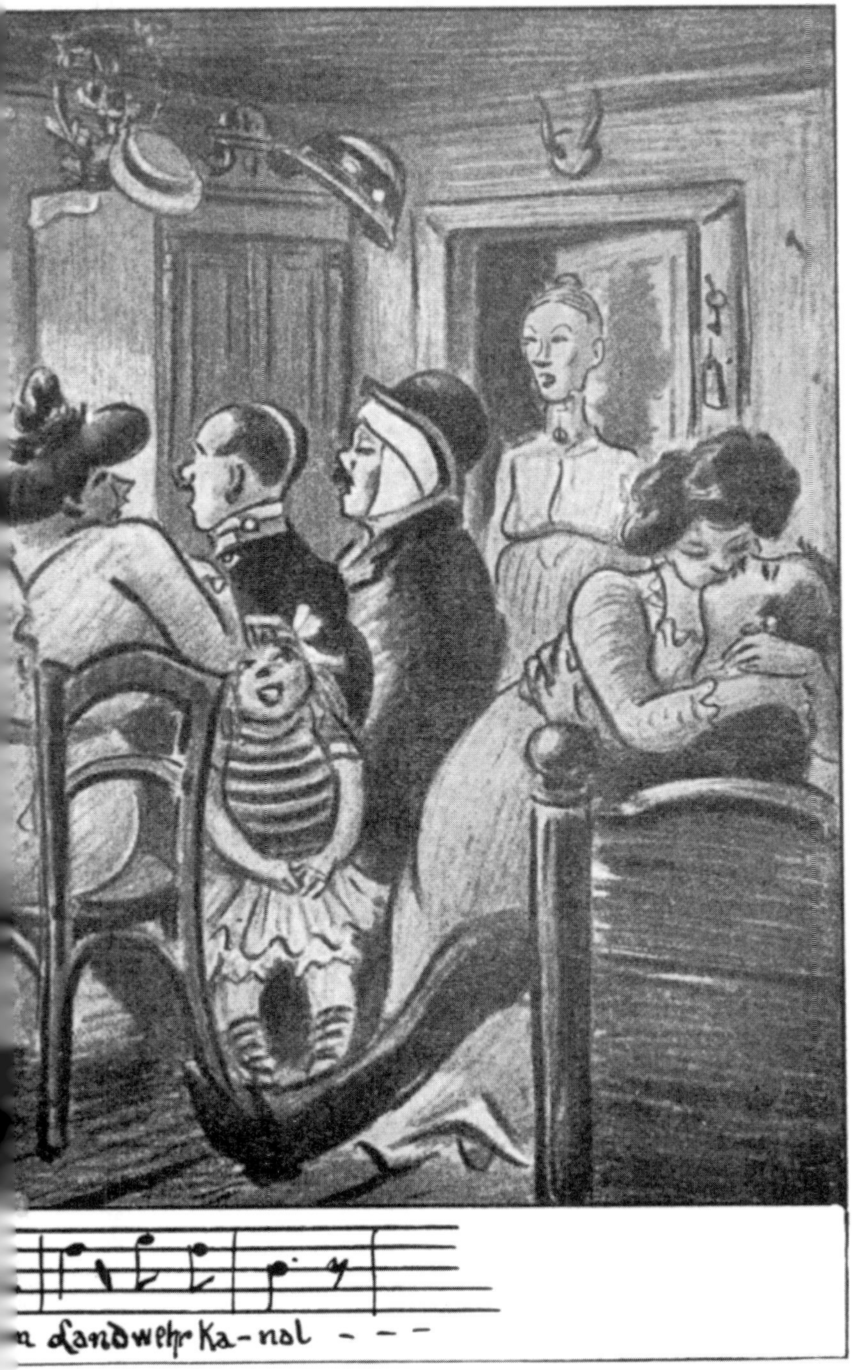
n Landwehr-Ka-nal - - -

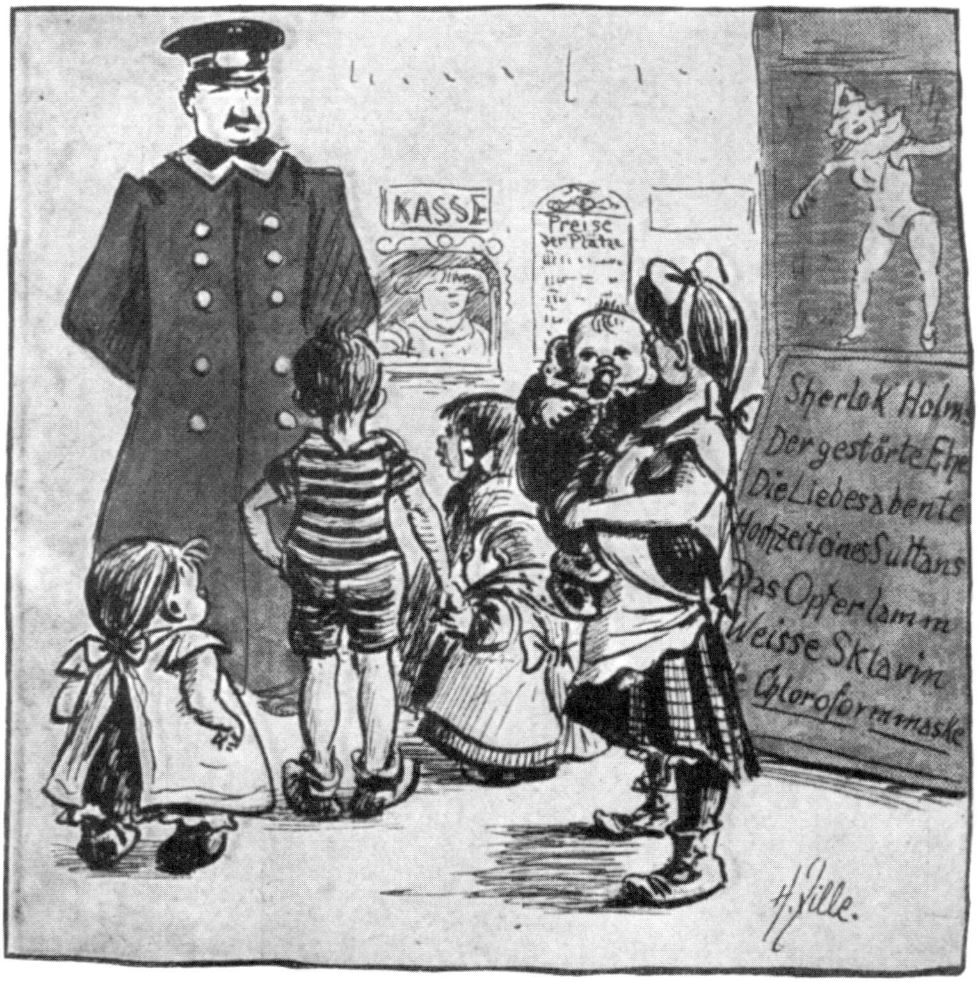

Der Film als Erzieher.

„Kommt morgen wieder, heite hab'n wir geschlossene Jesellschaft, die Meechens aus de Fürsorge sind drin!"

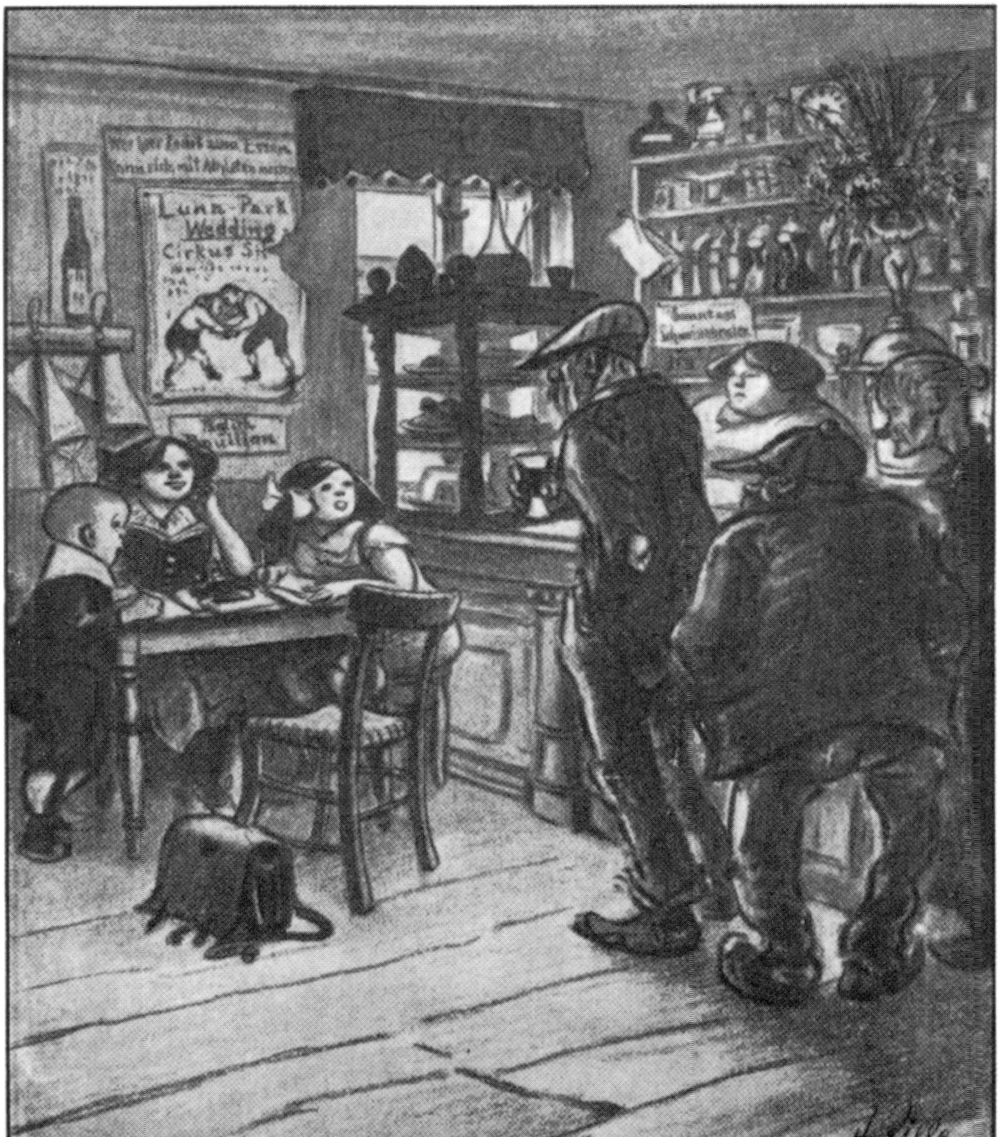

Der Philosoph.

„Kinder, lernt nischt, sonst müßt ihr arbeeten!"

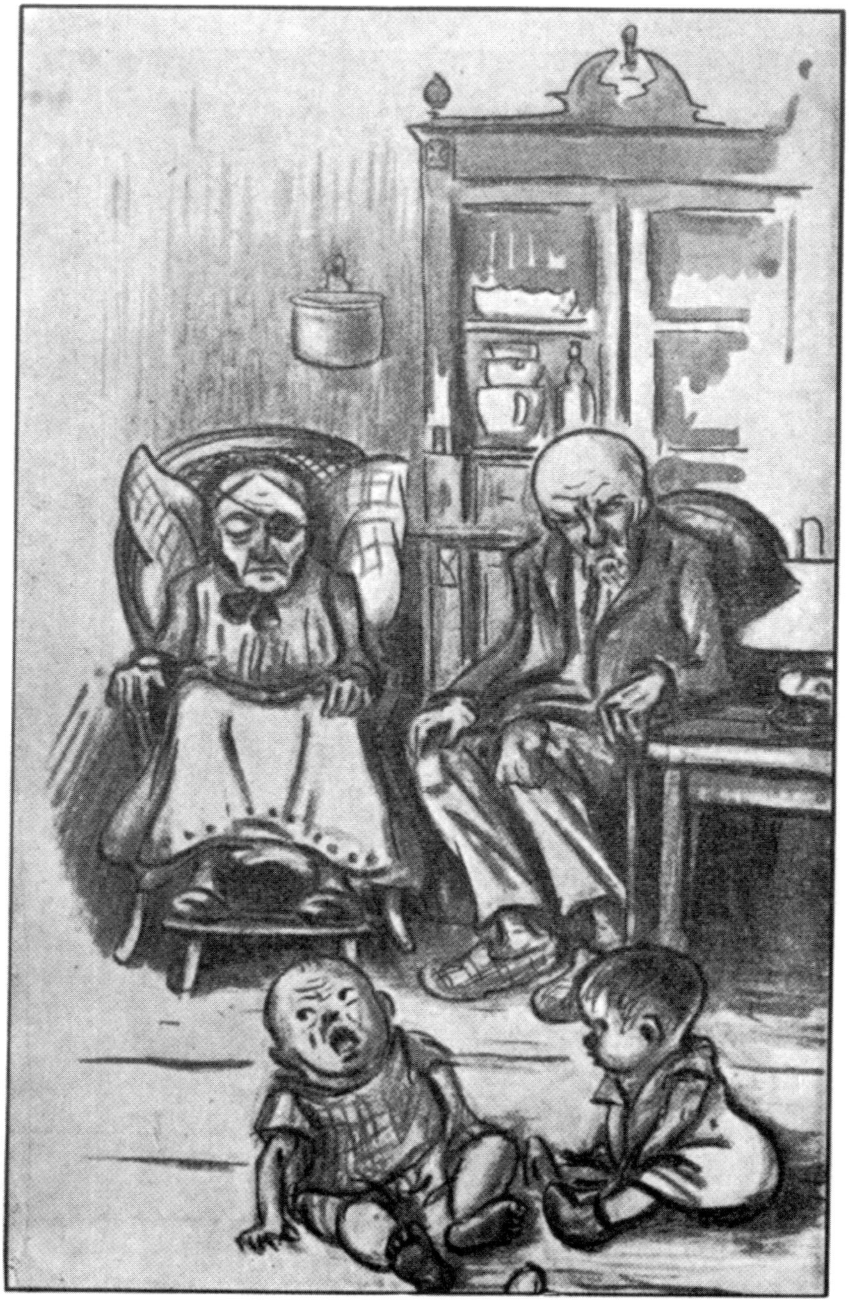

Die Großeltern.

„Nu is Maxe weg! Uns tät's ooch janz jut, mal in de Ferienkolonie zu kommen!"

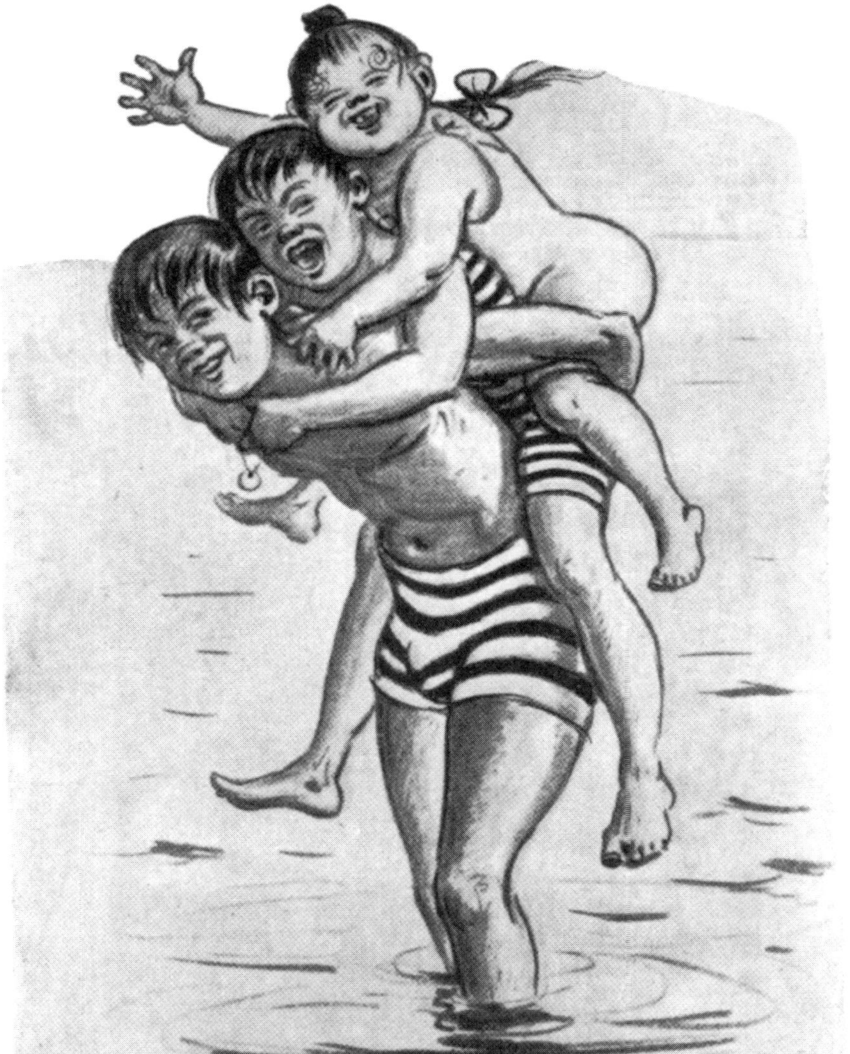

Auf der Planschwiese.

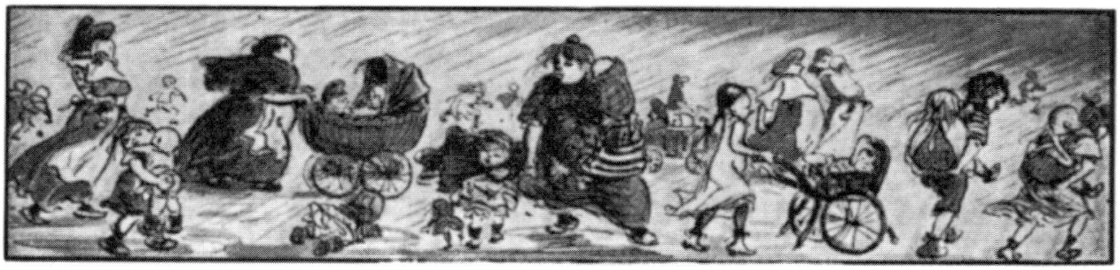

Platzregen auf dem Spielplatz.

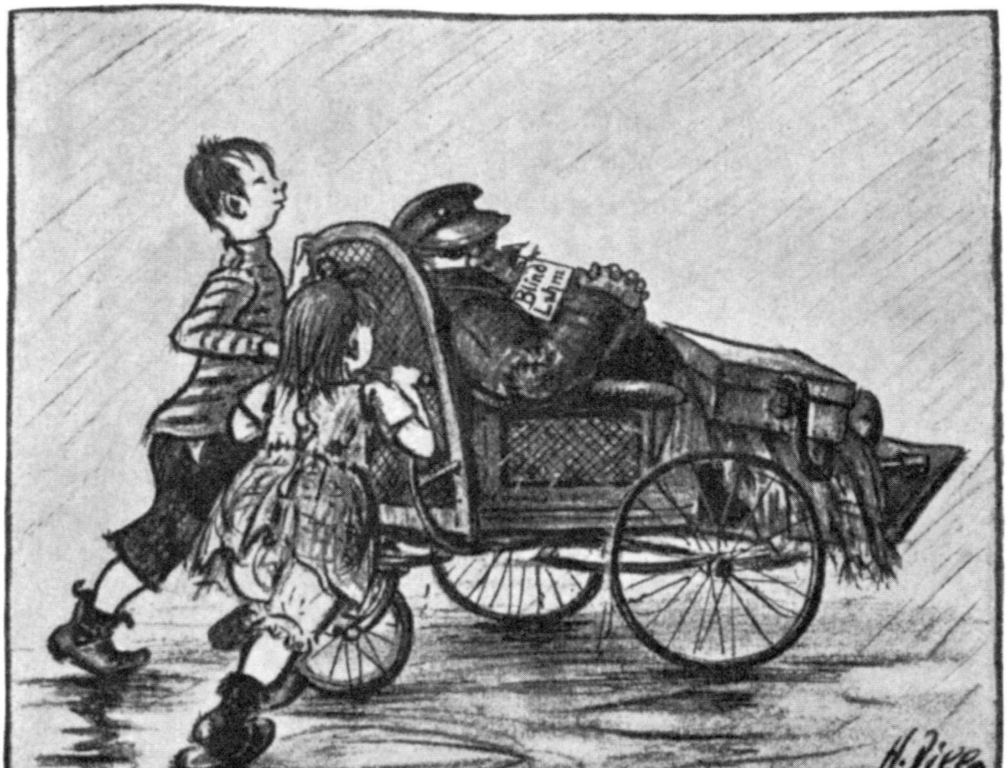

„Heite abend is mein Kejelabend, ihr braucht mir nich zu holen, die Karre lass' ick bei'n Budiker un loofe nach Hause."

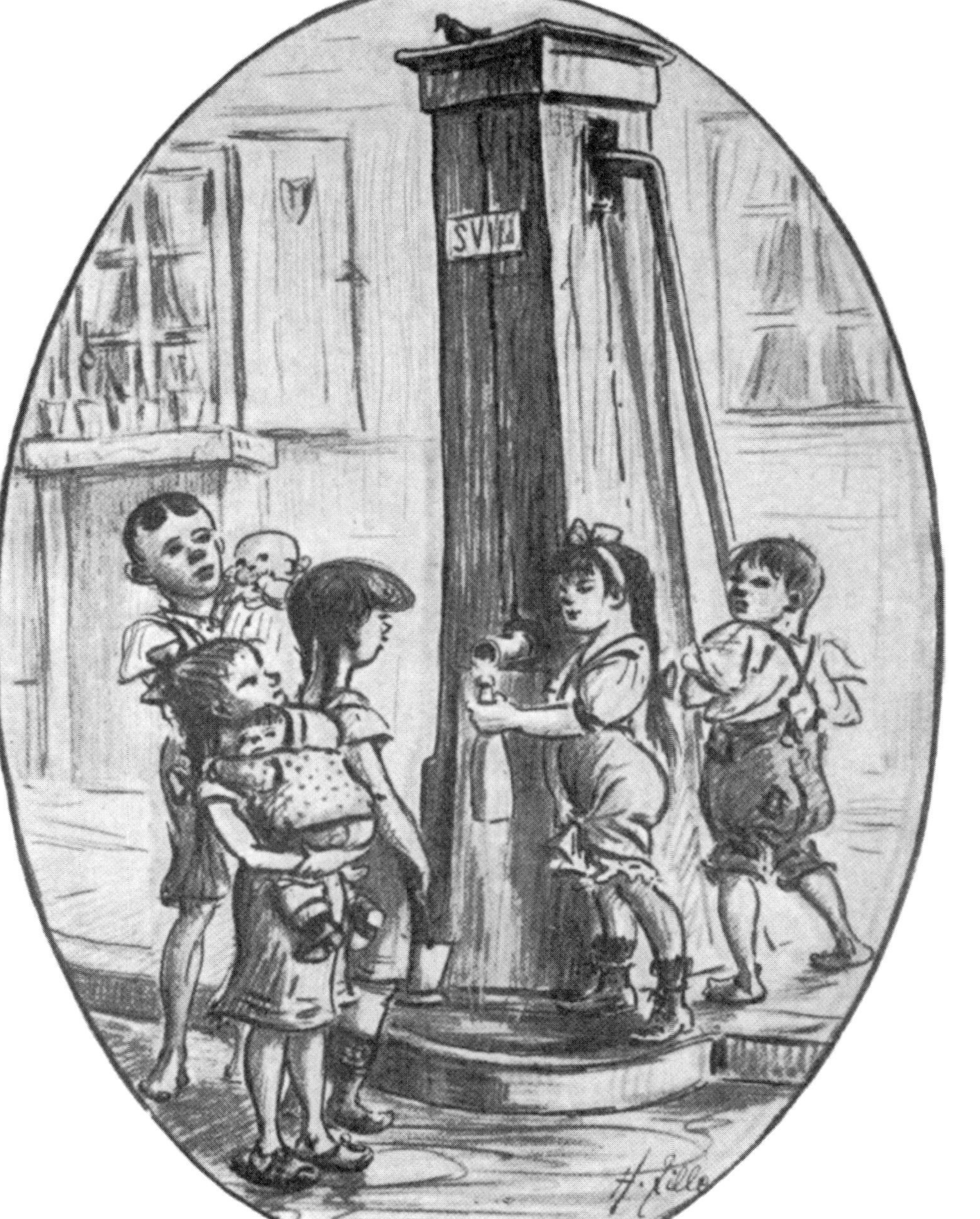

Berlin N.

Halb voll, Juste! Det muß noch nach „Konjack“ schmecken!

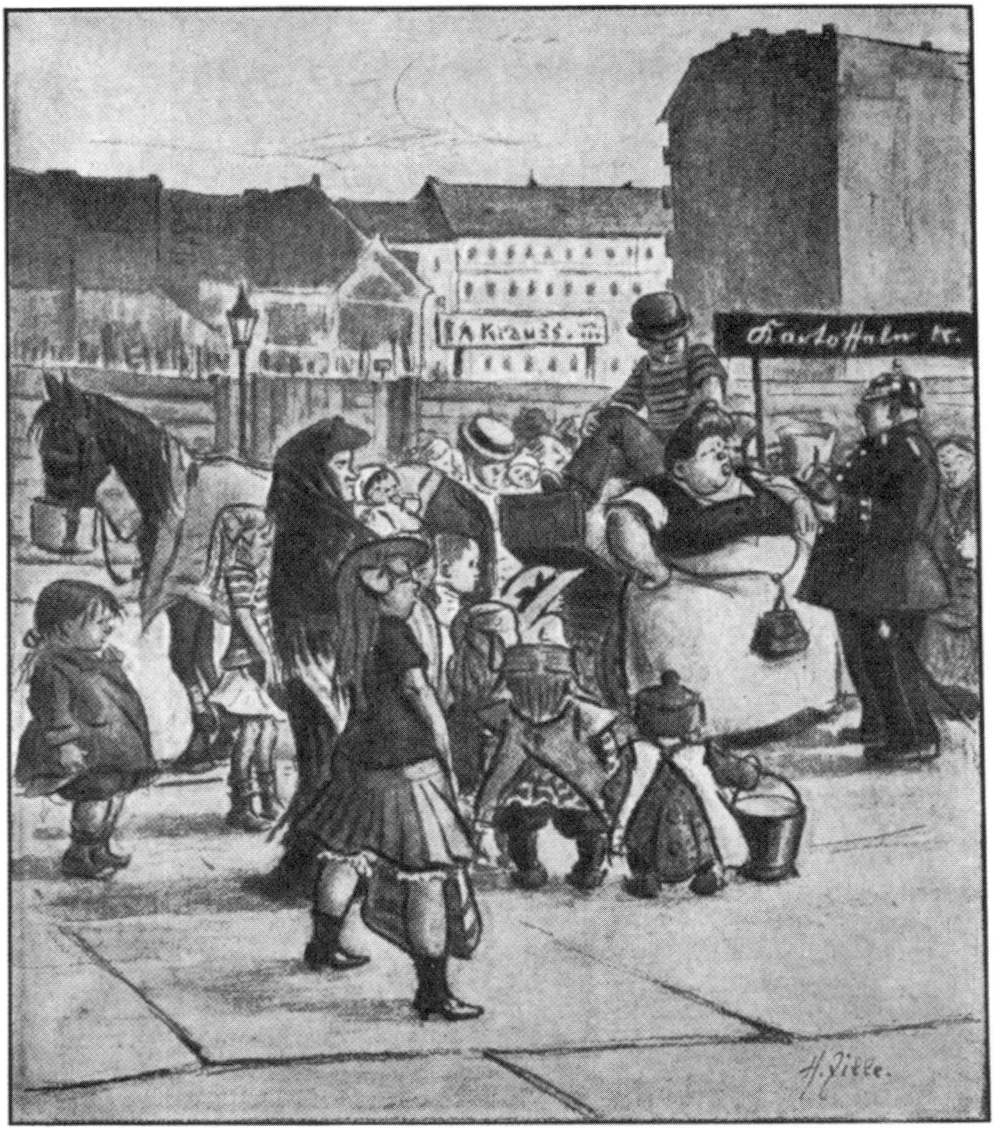

Verbotener Straßenhandel.

„Immer schreib'n Se mir uff, — eene Frau von vierzig Jahr'n kenn Sie nich mehr trocken legen, — ick jeh bis zum Kaiser!"

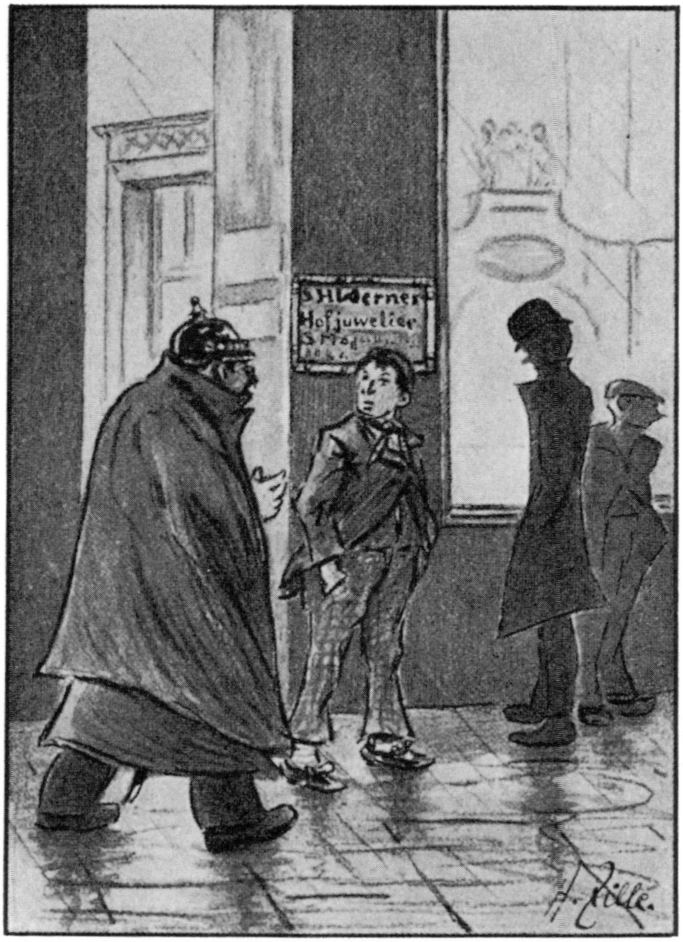

Warme Tage? Sommerwohnung?

„Sie wollten hier im Hause nächtigen?"

„„Ach nee, Herr Wachmeester, wo die Betten im Tierjarten jetzt so weech sind!""

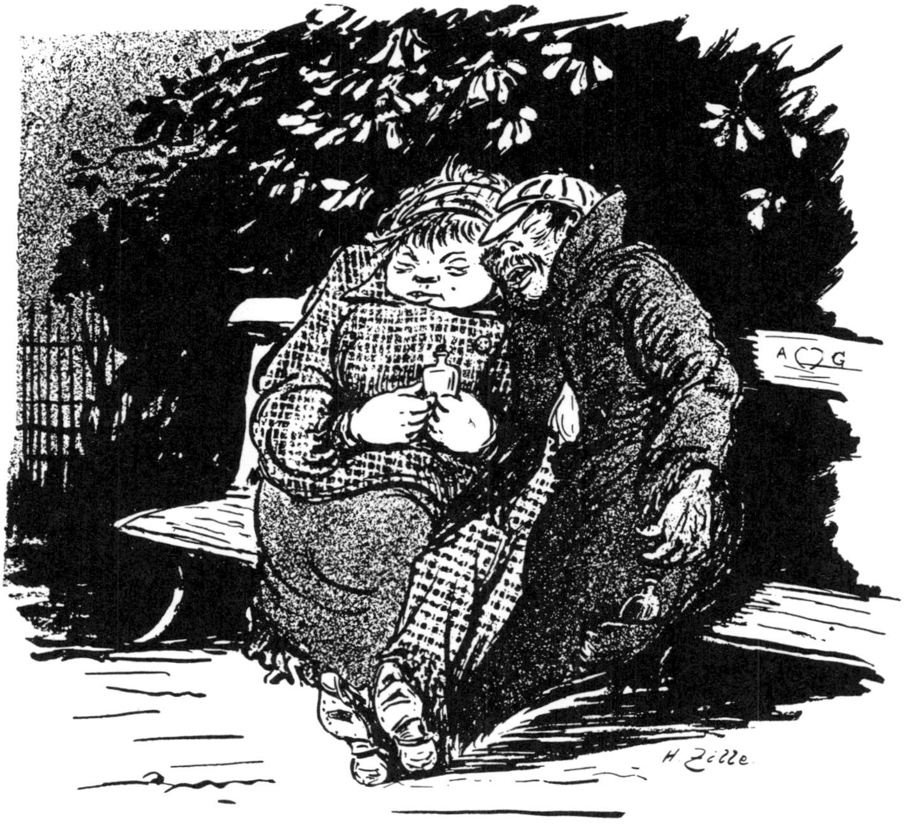

„Jeorj, schnarre nich so, du weckst den Wächter uff!"

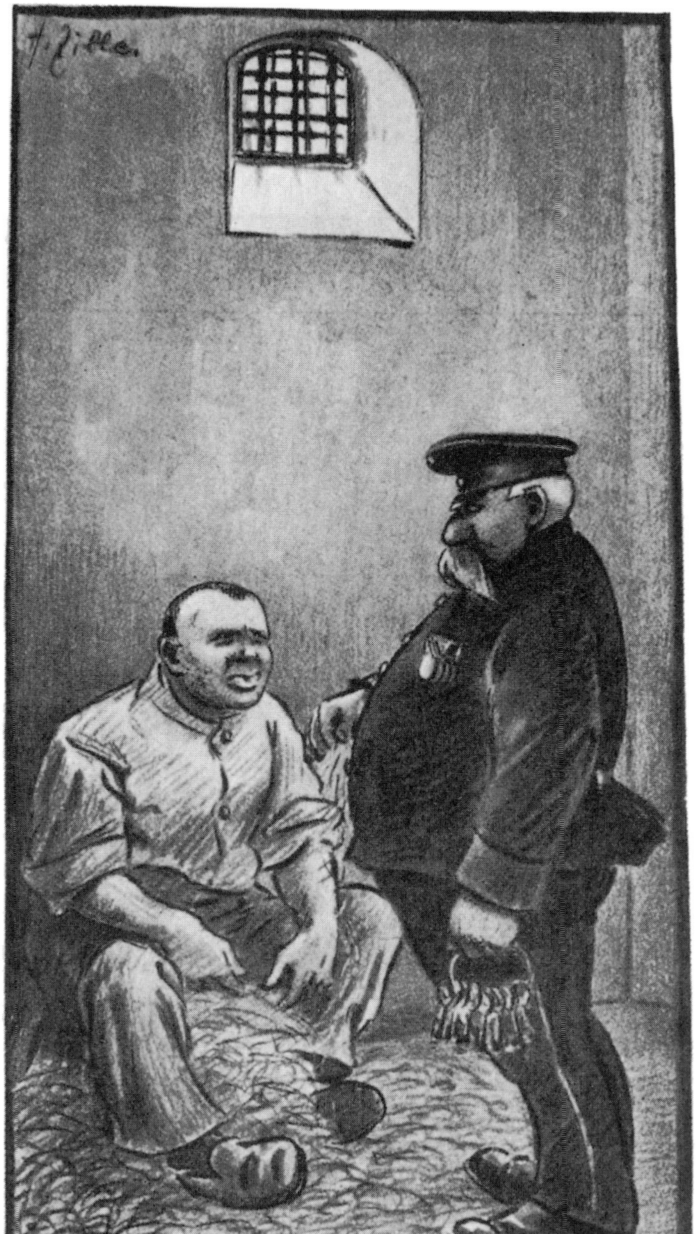

Der Neuling.

Z u c h t h a u s i n s p e k t o r: Die Wolle ist schlecht gezupft!

S t r ä f l i n g: Wenn Ihn meine Arbeet nich paßt, dann kann ick ja jehen!

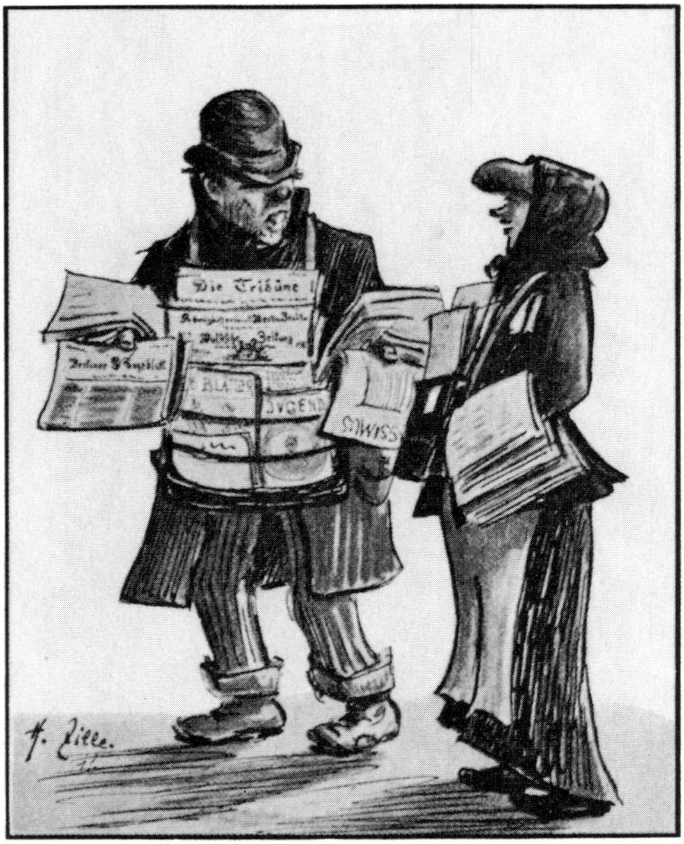

In der Friedrichstraße.

Müller'n, heite wird's en Jeschäft! Acht Prozesse, drei Morde, zwee Bankjehs, zwee Sitte, Spione und Attentate, zwee Flieger gestürzt, een Luftschiff verloofen —

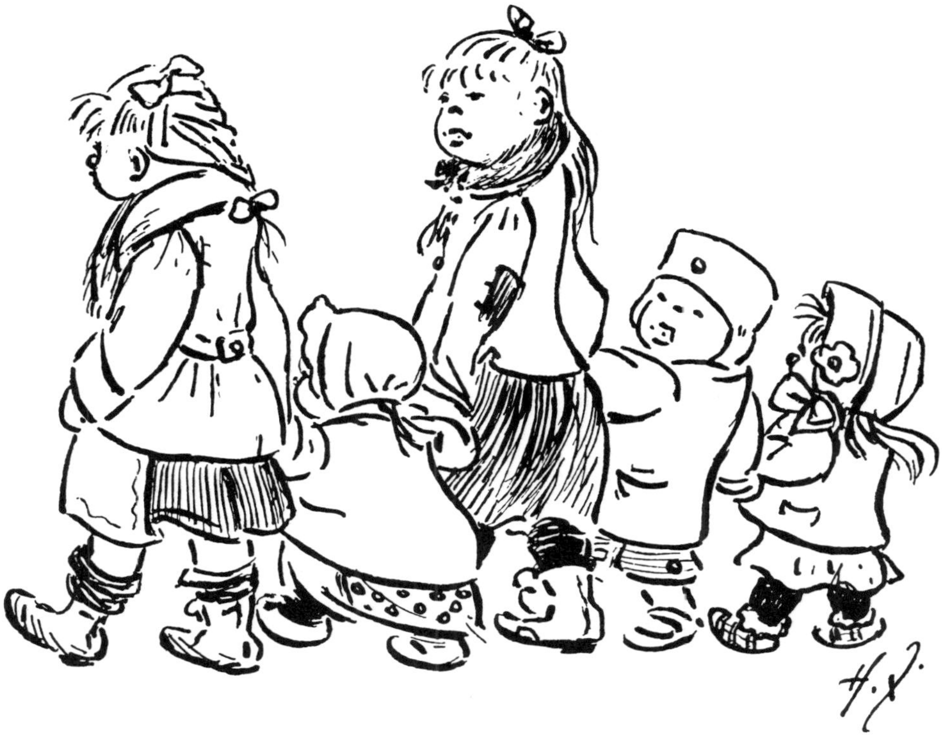

„Vater wird sich freien, wenn er aus't Zuchthaus kommt, det wir schon so ville sind.“

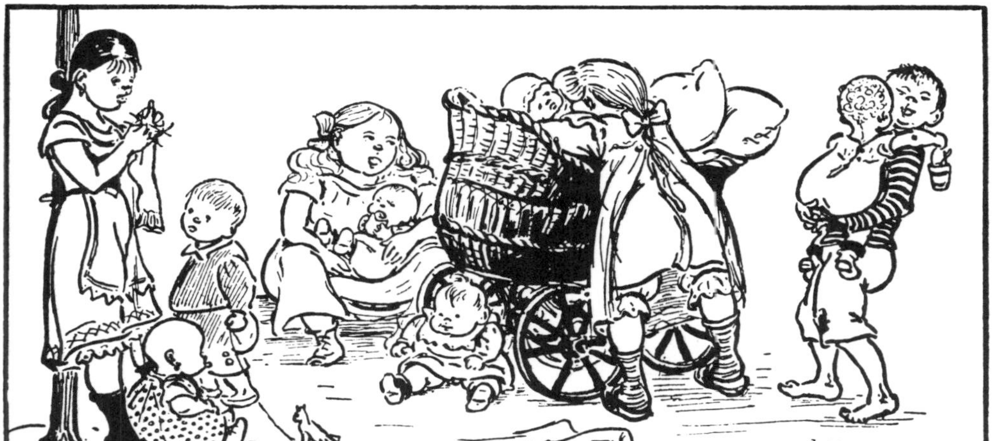

„Ick konnte mit in die Ferienkolonie, wer sollte aber die Klee'n verwarten!“

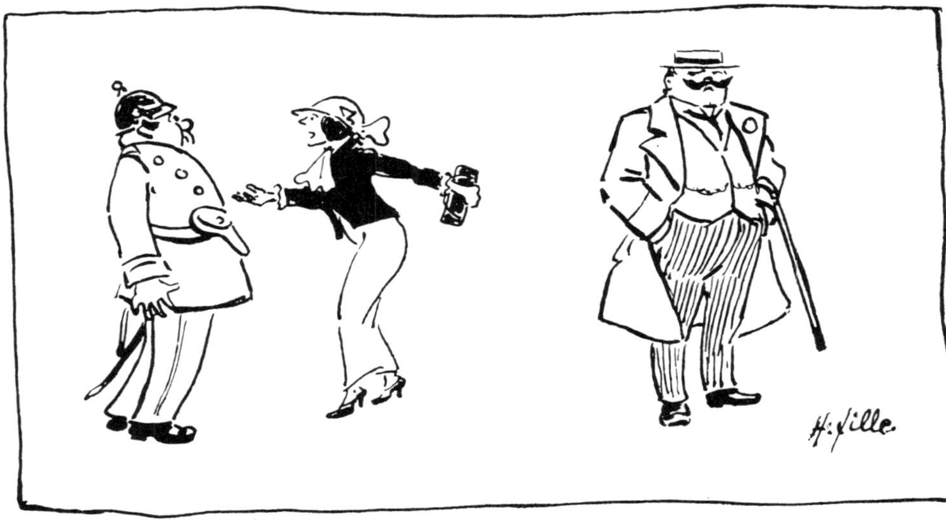

Notschrei aus der Friedrichstraße.

„Herr Schutzmann, mein Bräutijam will det Jeld nich nehm'n."

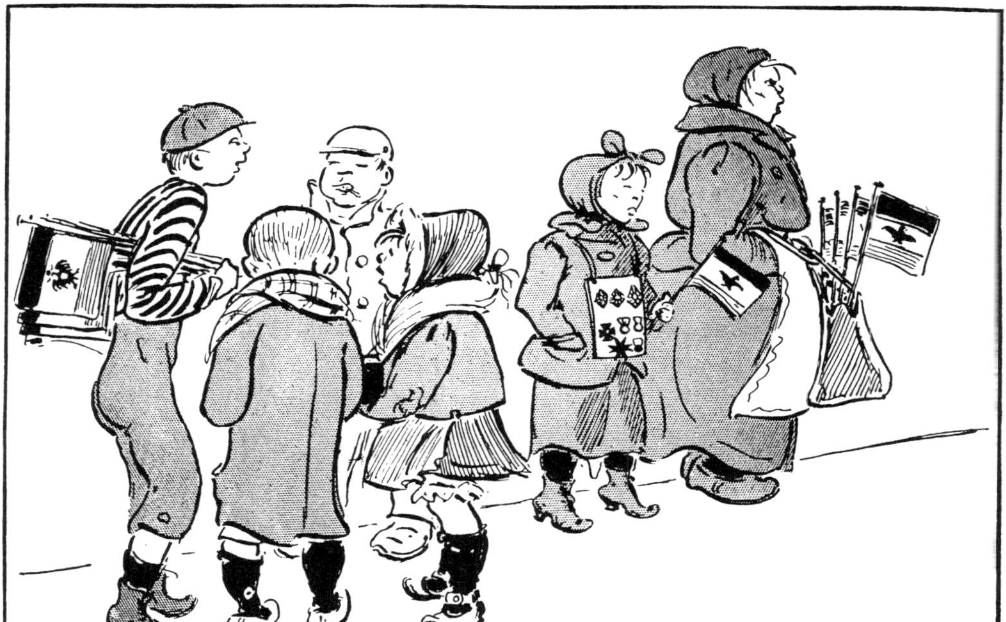

Festtage.

„Zehn Pfennige die Standarte! — Wat wir nich verkoofen, macht unsre Mutter Schnupptücher von."

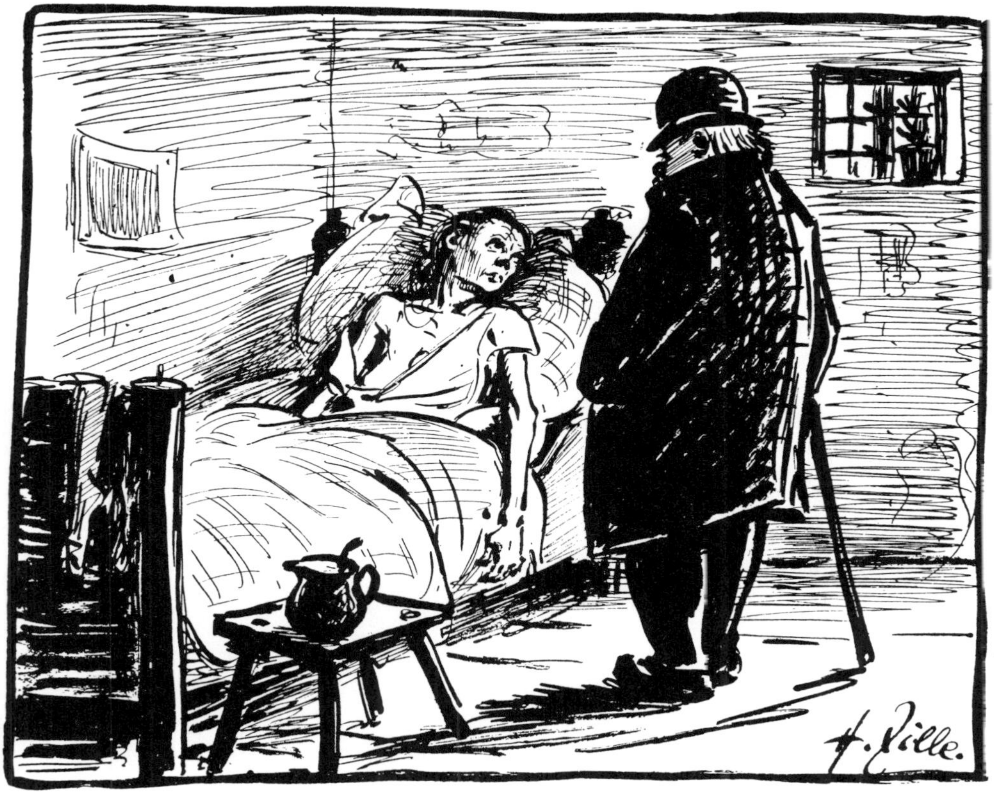

Diät.

„Herr Doktor, B r o t soll ich nicht essen?“

„„Nein, liebe Frau.““

„Na, ich hab auch kein Geld, mir welches zu kaufen.“

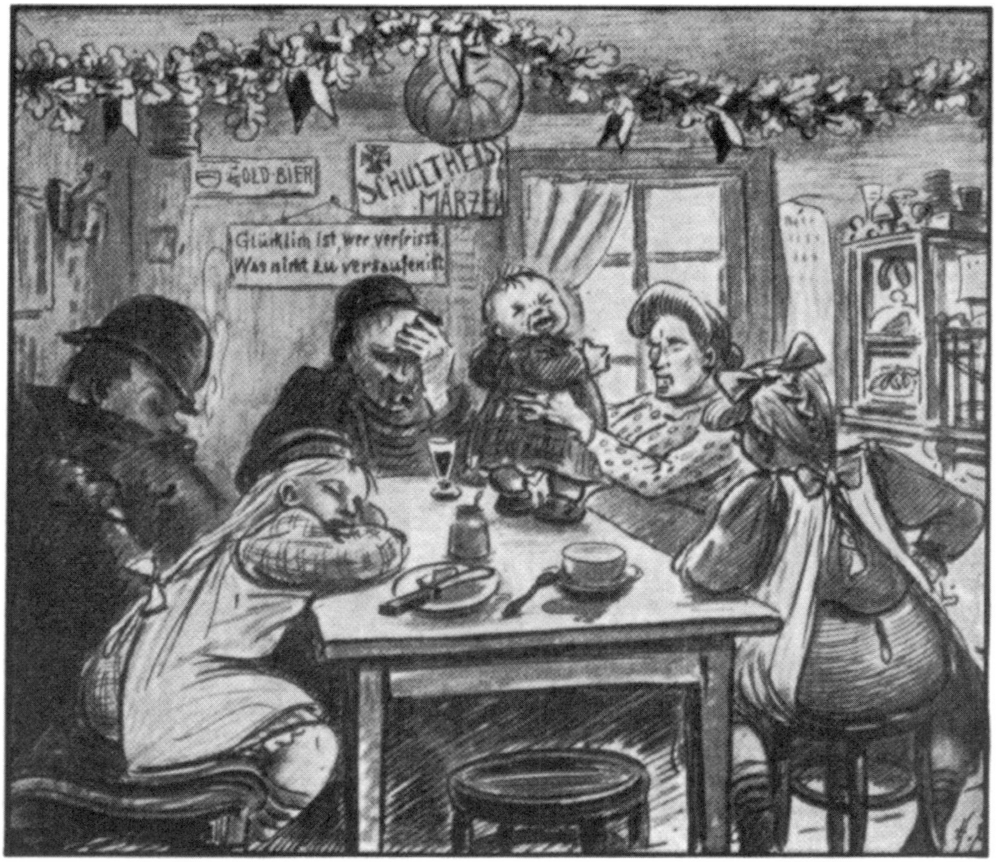

Im „Bürgerheim".

„Oller Brüllaffe, Vater muß doch erst trinken, dann kannste det Jlas auslecken!"

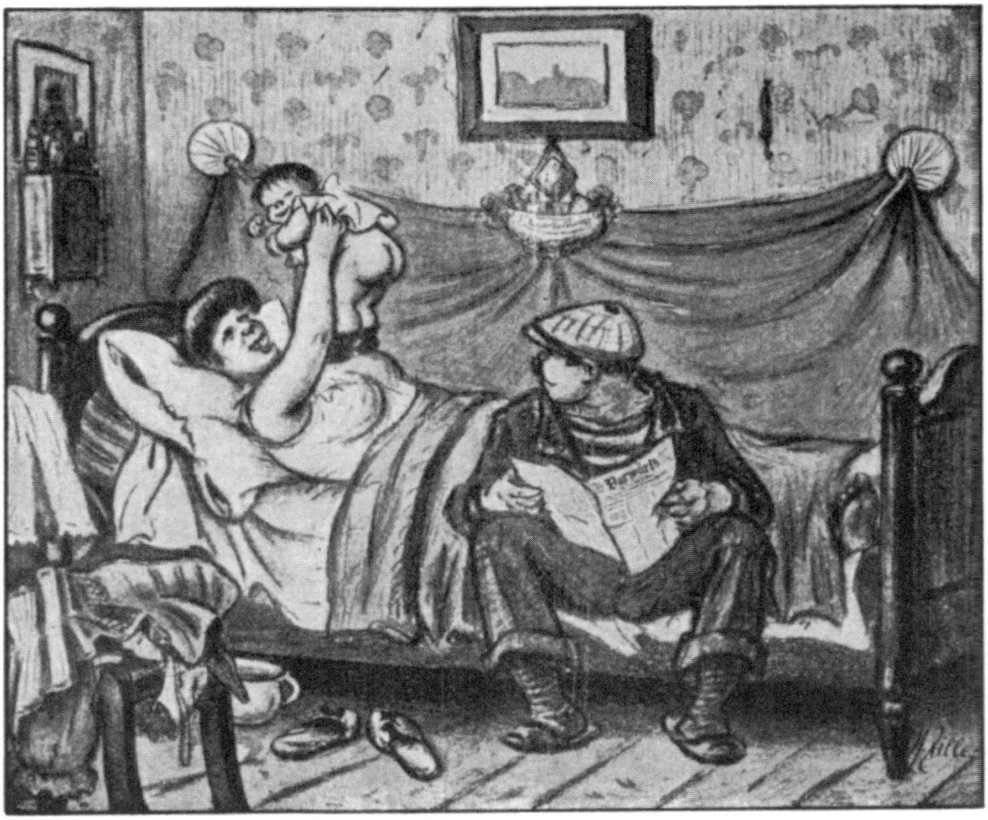

Sonntagsmorgen.

„Männe, Orje hat die Woche wieder wat jelernt; er macht schon uff de Schutzleite ne Fauste!“

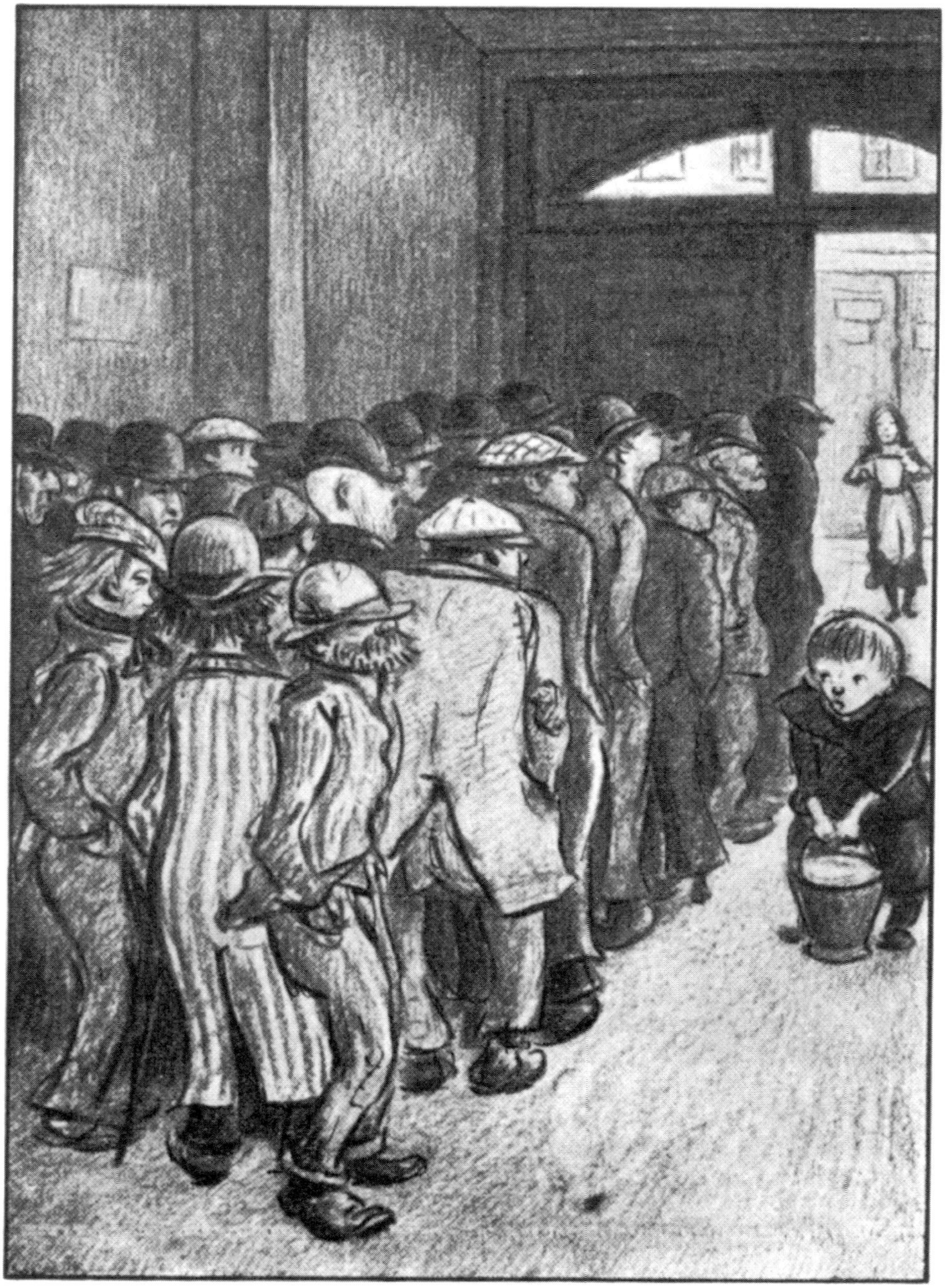

Vor der Armenküche.

„Wat jiebt's heite, Kleener?"
„„Blauen Heinrich!""

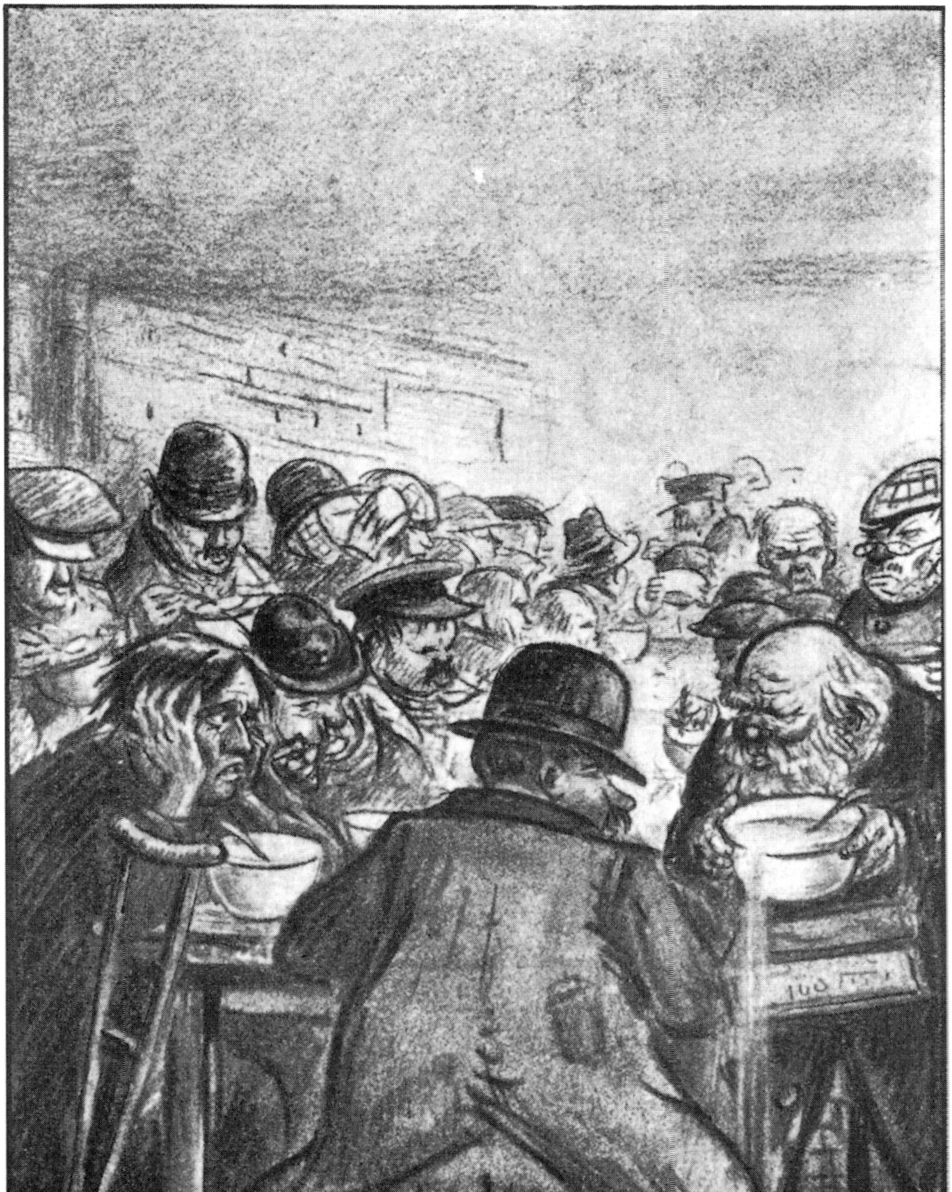

Armensuppe.

„Entschuldigen se, junger Mann!"
„„Schad't nischt, det macht keene Fettflecke!""

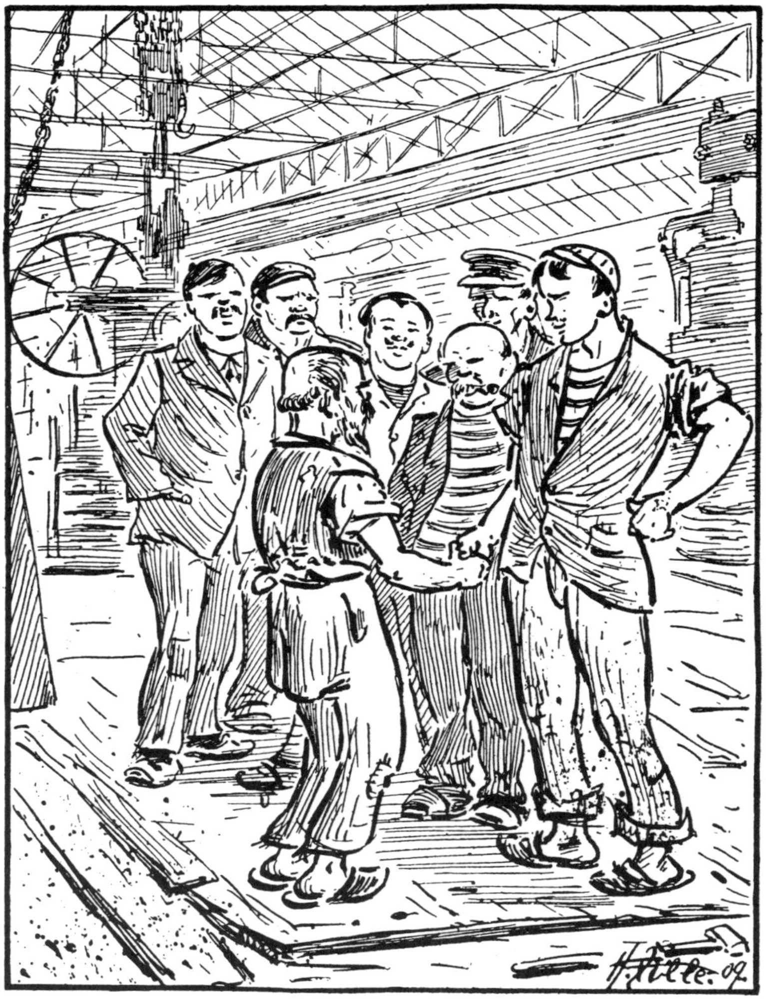

Das Jubiläum.

„— Fritze, wir gratulieren dir, nu jeh man zum Scheff, der muß doch was zum besten jeben!“

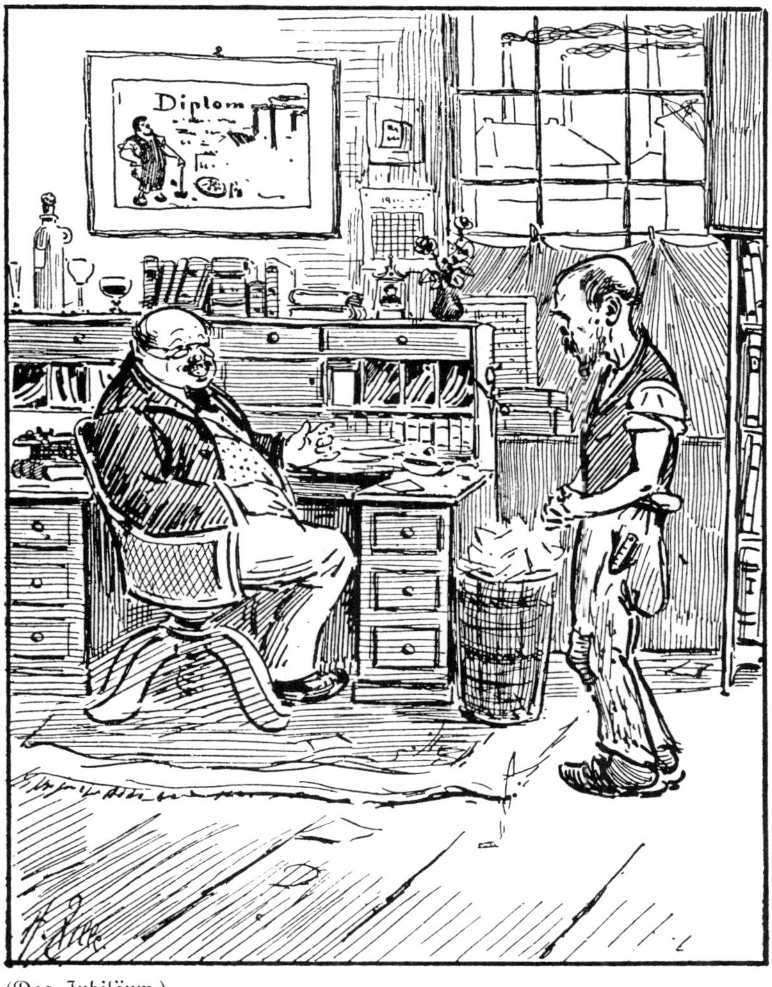

(Das Jubiläum.)

„„So, heute sind Sie 25 Jahre bei mir, nun denken Sie mal, wieviel Geld Sie mir schon haben weggeschleppt.““

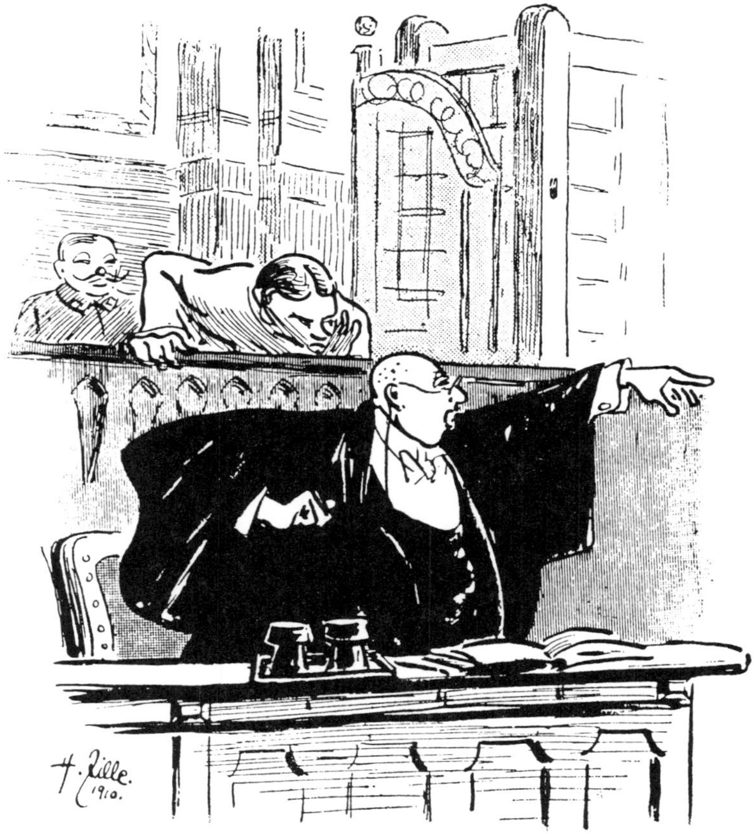

Plädoyer.

„Herr Verteidiger! Sie müssen ooch mal zu die Jeschwor'nen rüberquatschen; fünfe schlafen schon!"

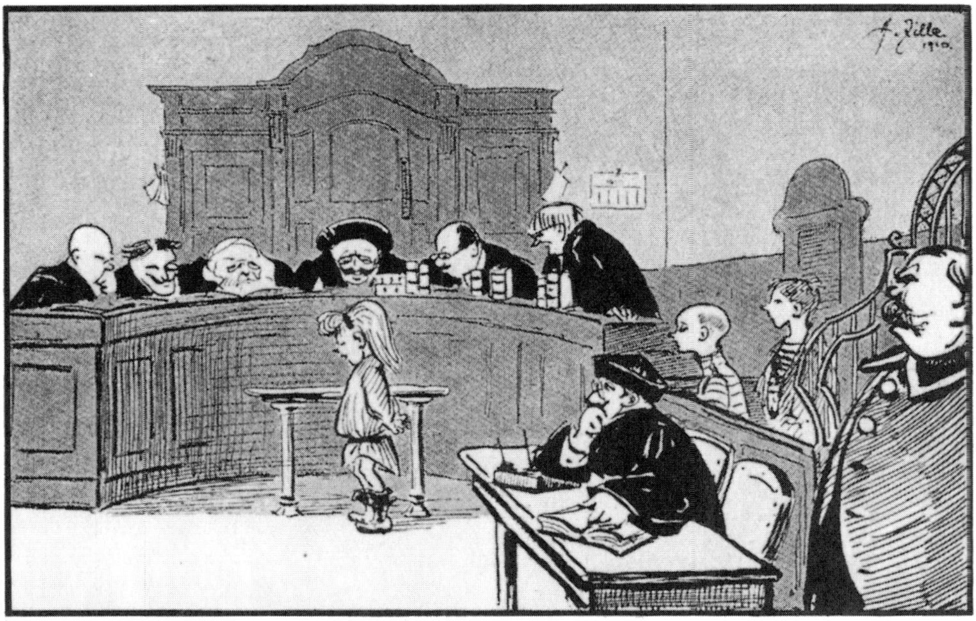

Die Zeugin. „So wat trau ick mir lout jar nich zu sagen."

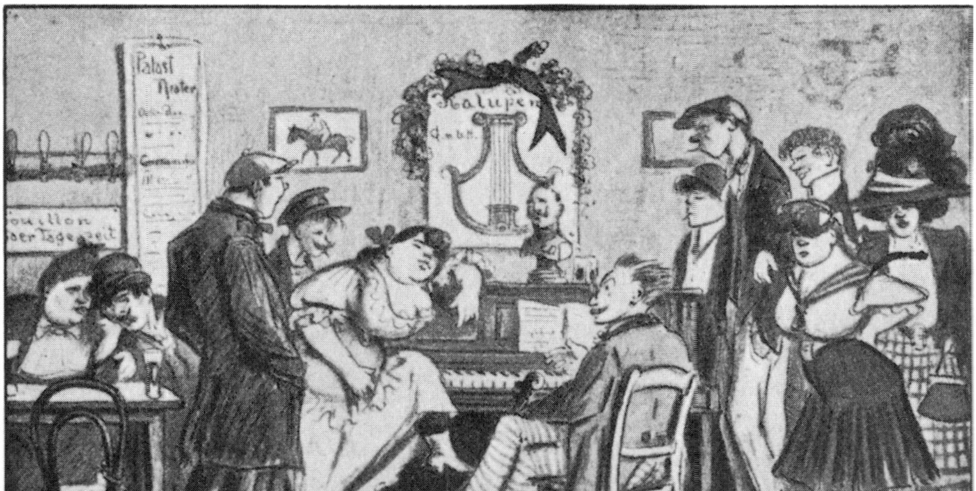

Trauer im Gesangverein.

„Die Bässe sitzen in Plötzensee, da krieg'n wir keen anständiges Lied mehr zusammen!"

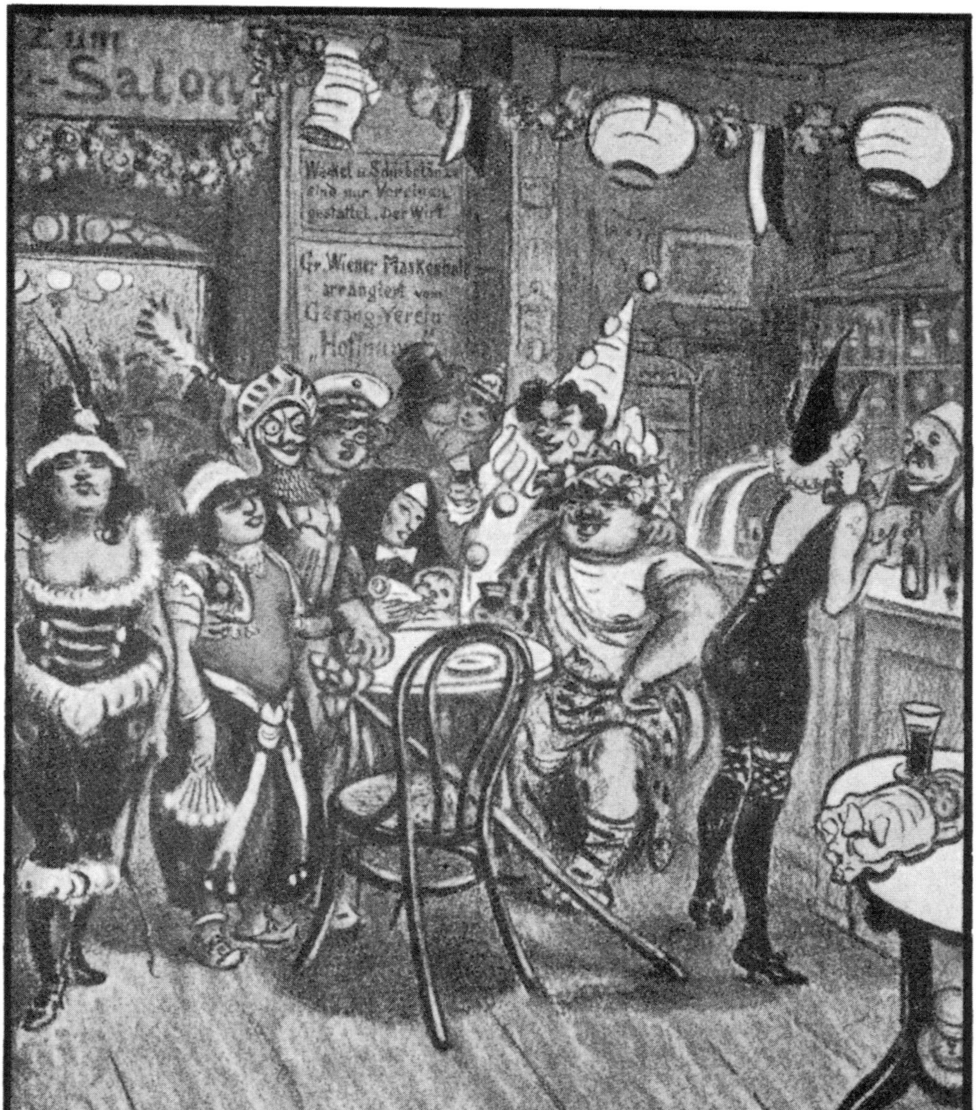

Maskenball des Gesangvereins „Hoffnung“ (Gemischter Chor).

„Herr Wirt, jeben Se mir mal von Ihr Zweirad die Luftpumpe; een Herr hat mir soeben den Busen injedrückt!“

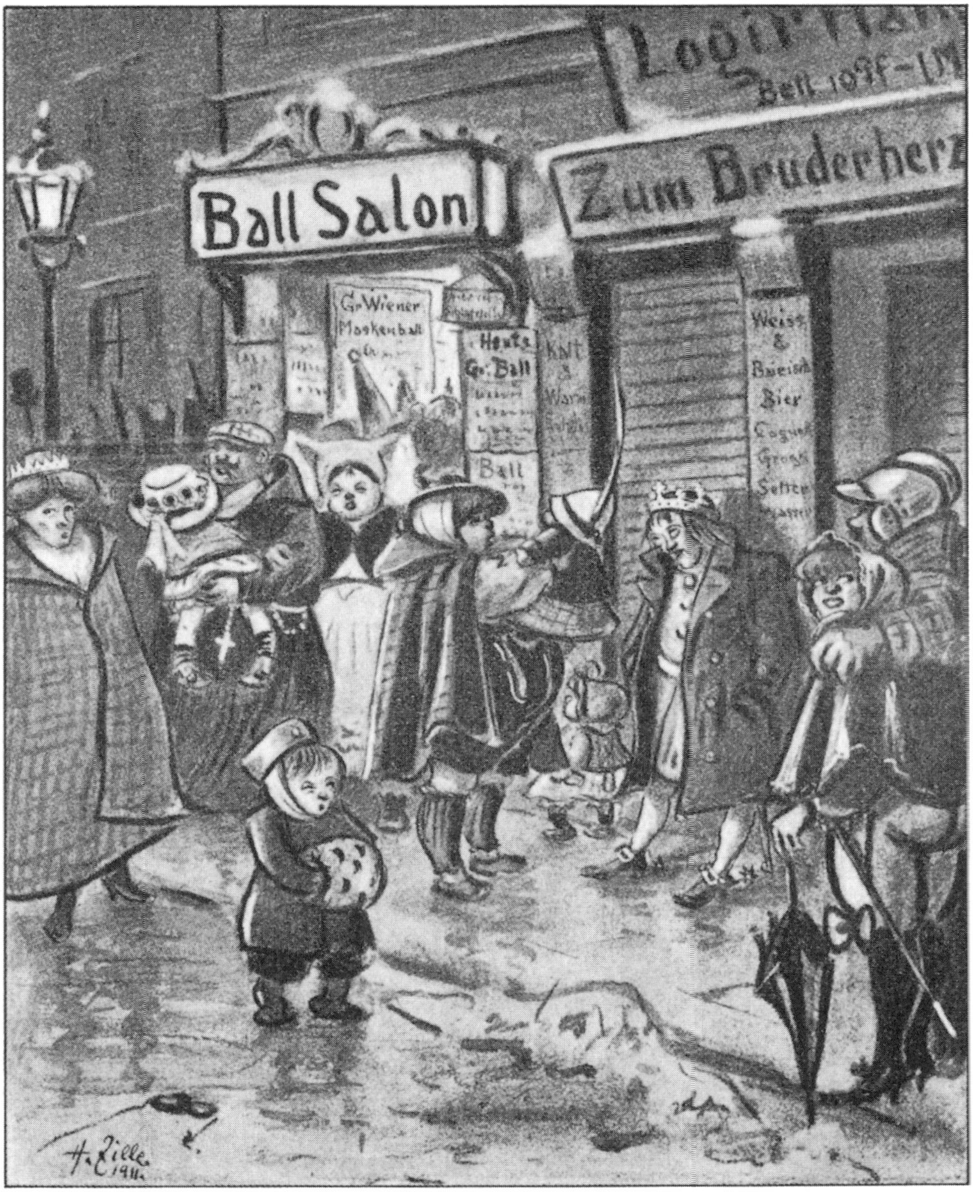

Beim Morgengrauen.

„Ach Jotte ne, Mann, kiek doch, wie munter Erich aussieht, hat der aber ooch gepennt im Geigenkasten!“

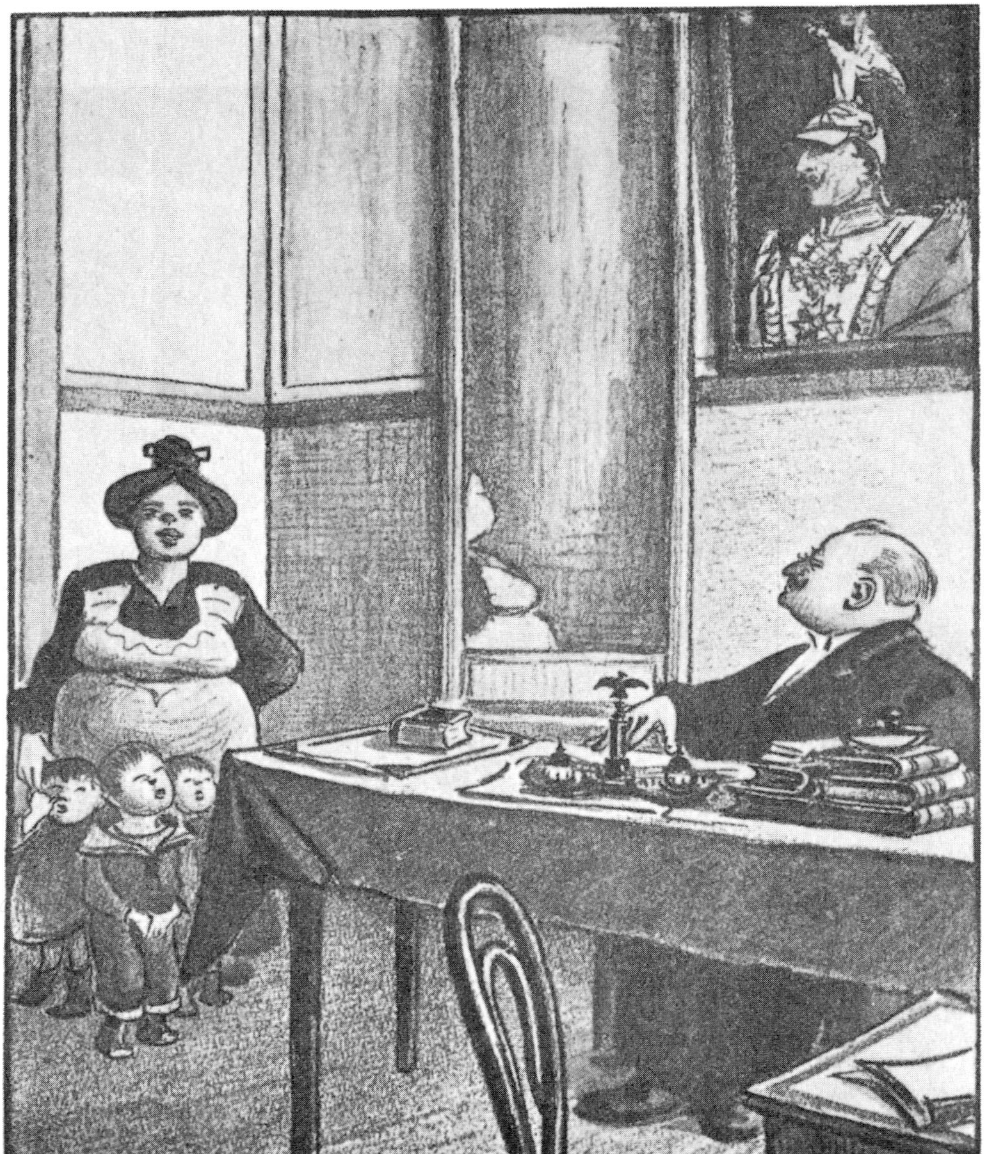

Auf dem Standesamt.

„Sie sind nun schon vier Jahre Wirtschafterin und haben 5 Kinder; warum heiraten Sie denn den Mann nicht?"

„„Ne, wissen Se, er is mir nich sympathisch!""

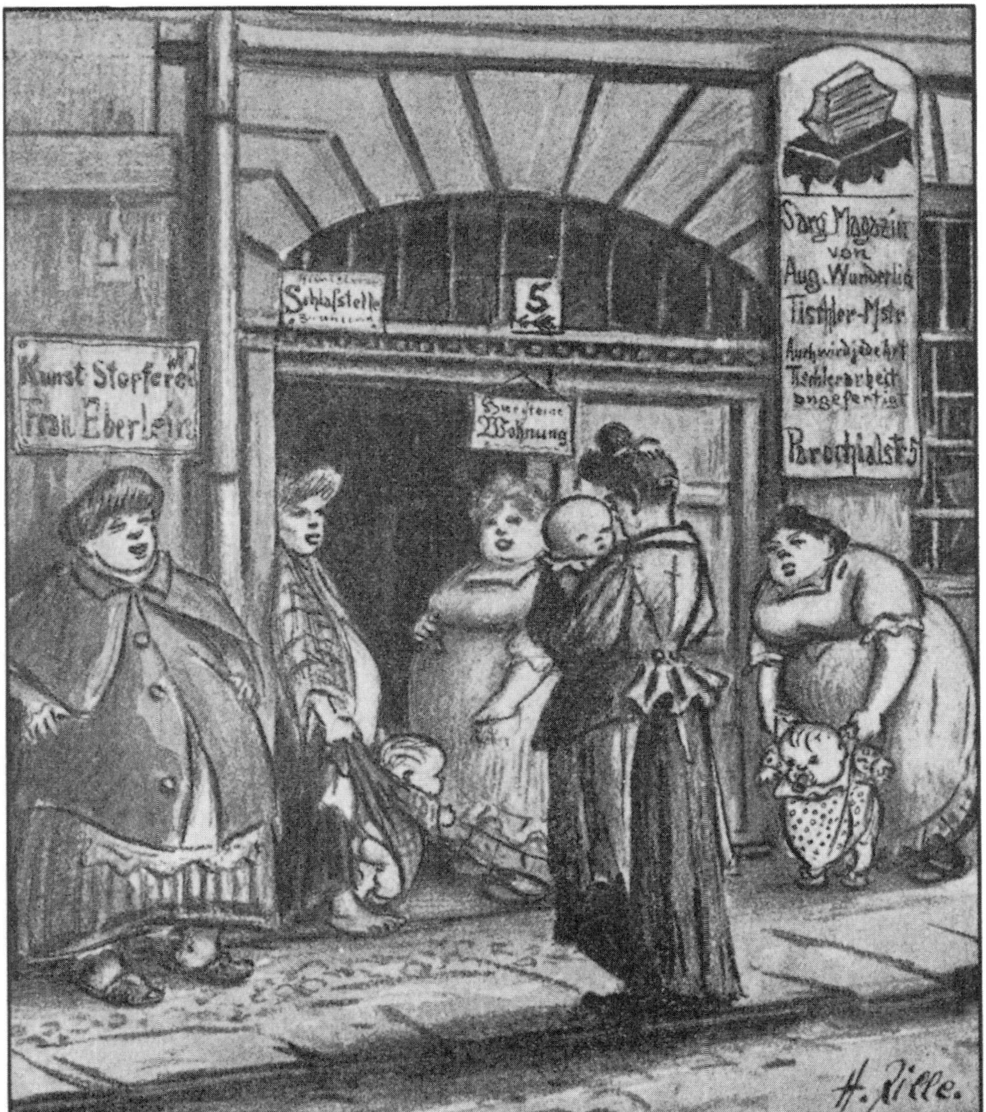

Geburtenrückgang.

„Ick habe sechs Kinder uff'n Kirchhoff, det is noch keene Bemühung für's Vaterland!"

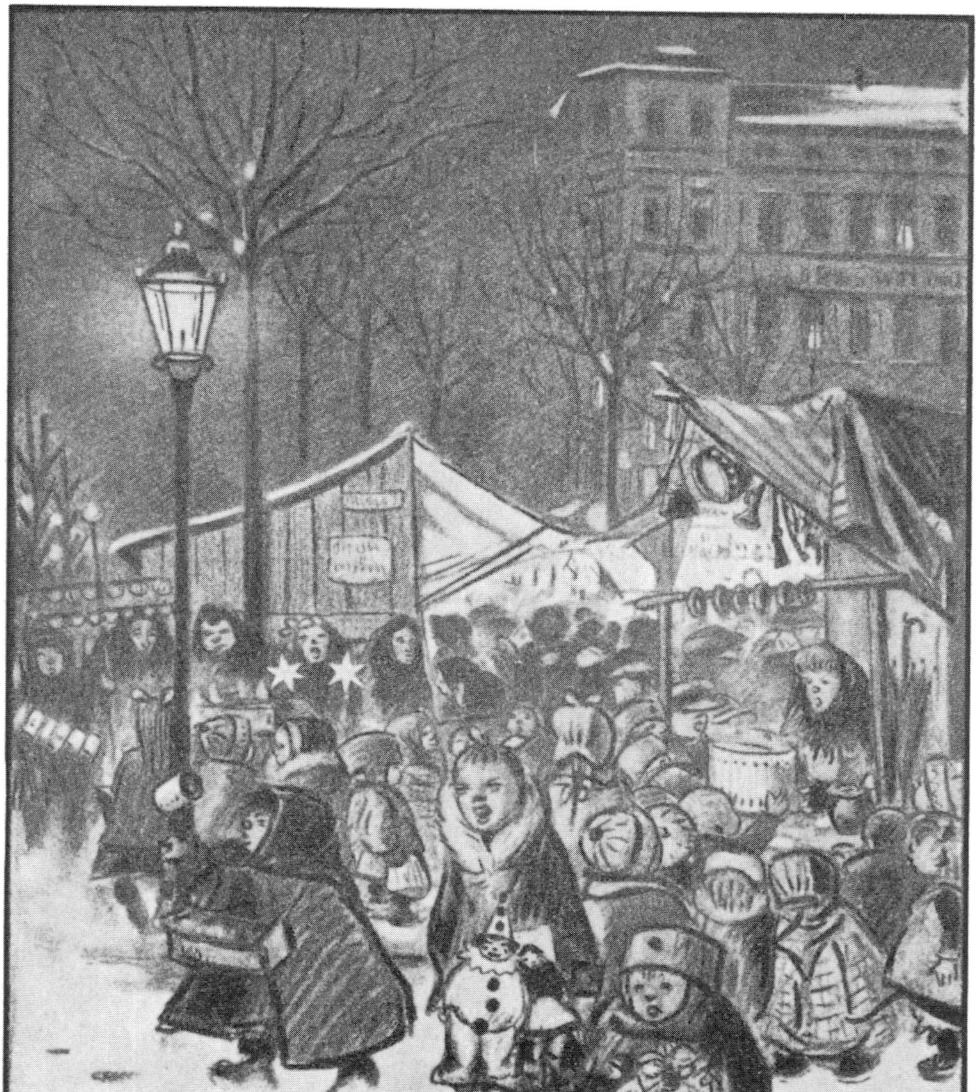

Weihnachtsmarkt am Arkonaplatz.

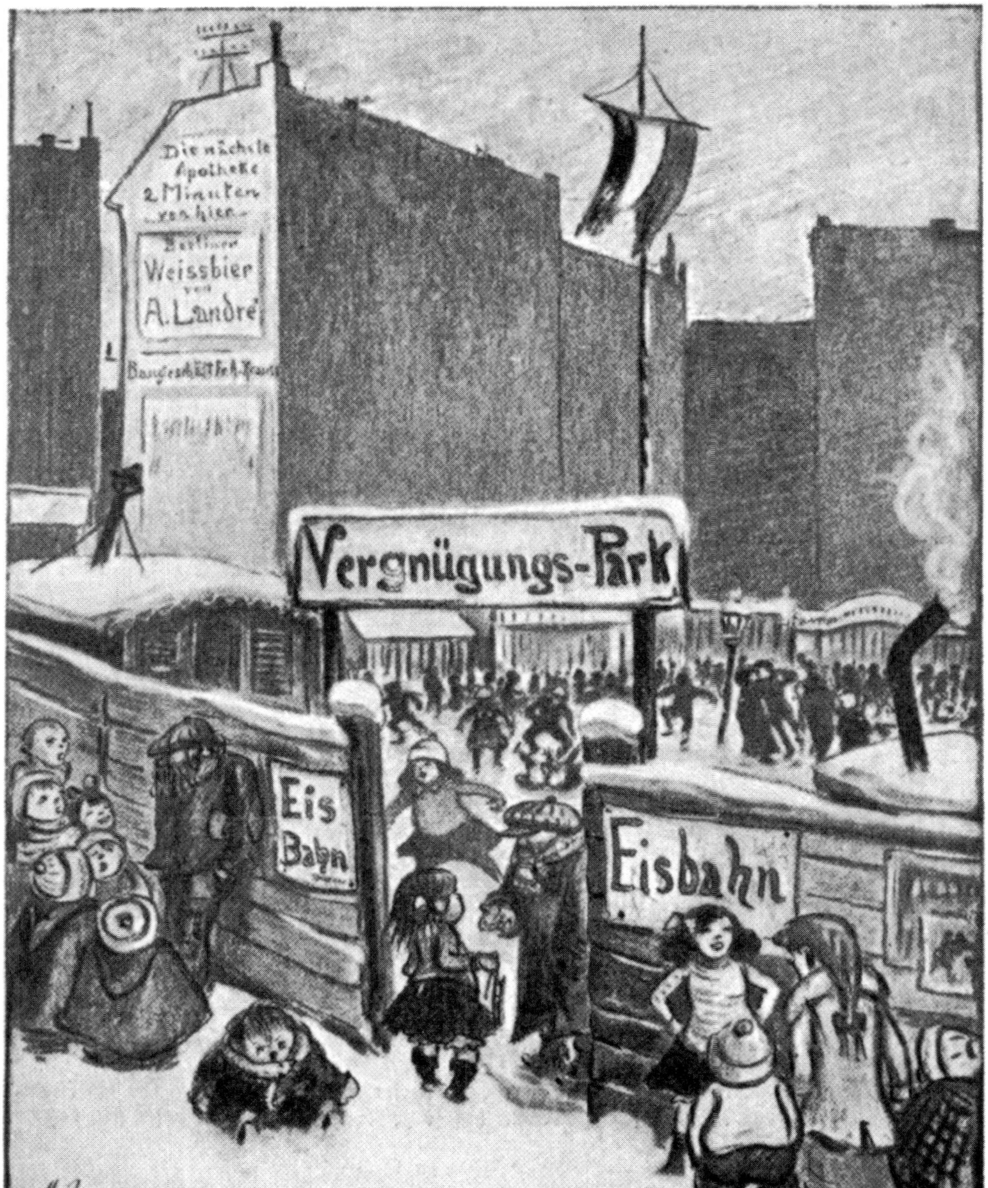

„For'n Sechser kannste bei mir nich loofen."
„„Aba ick habe doch bloß een Schlittschuh!""

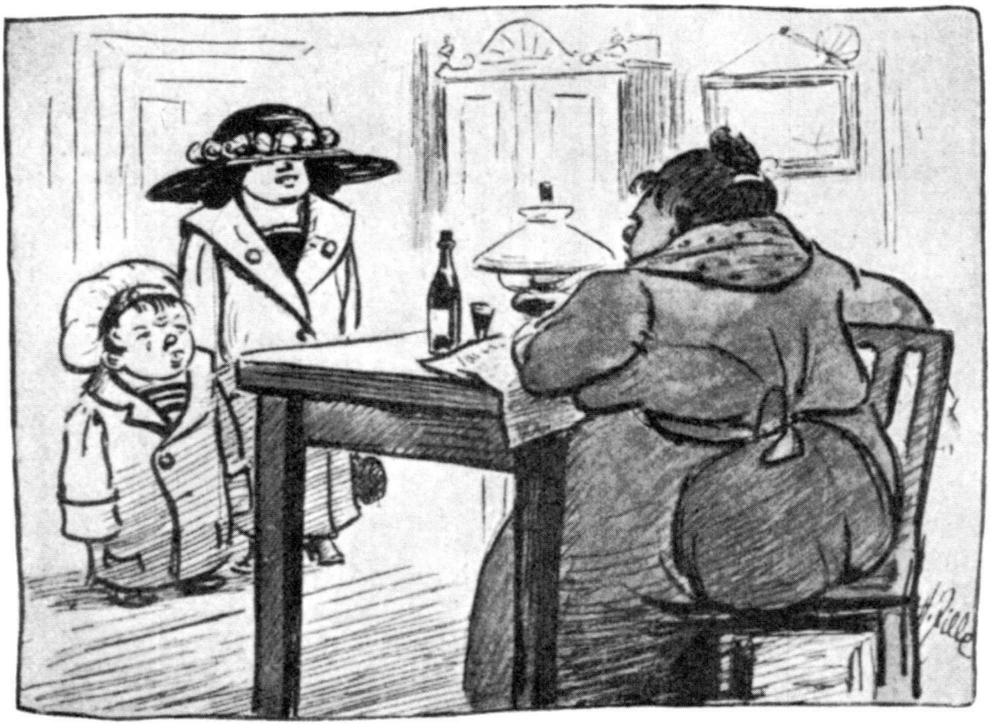

Heimkehr.

„Jetzt kommt ihr erst aus de Flohkiste?“

„„Aber Mutta, 1000 Meter Film, zwee Stunden lang: Zelle 13, Drama aus een Zuchthaus, ach det war scheen! Maxe hat so geweent, seine ganzen Hosen sind naß!““

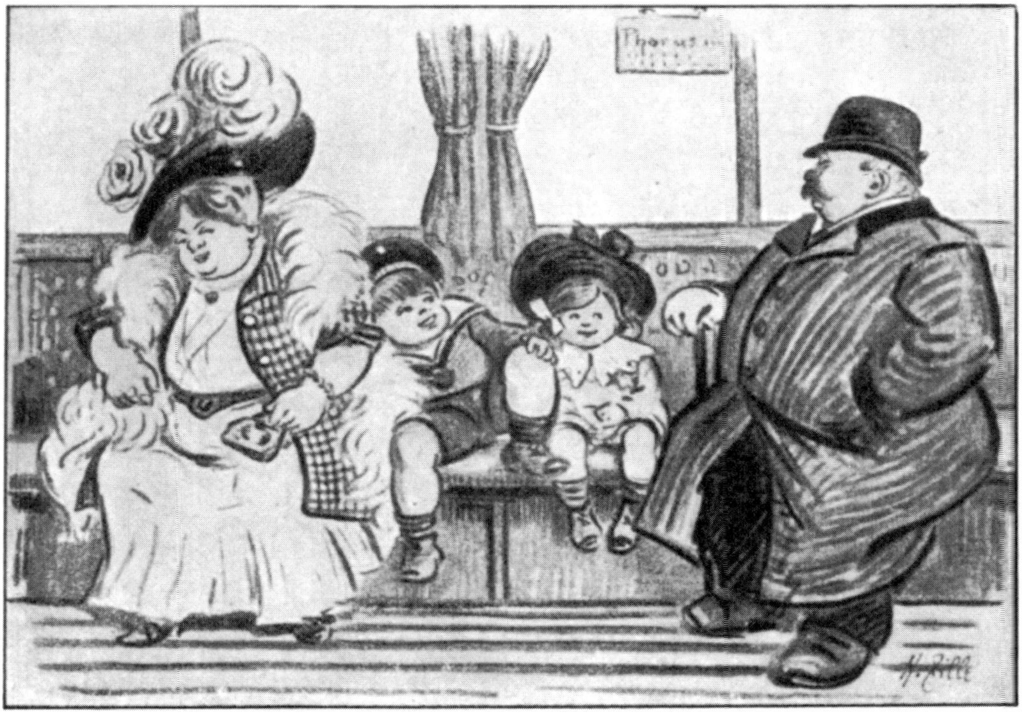

Der Stolz der Familie.

Der kleine Oskar fährt mit seiner Mutter in der Elektrischen. Da sagt ein Herr wohlwollend zu ihm: „Junge, du hast aber ein paar dicke Beine!" Worauf Oskarchen stolz antwortet: „Au — da sollten Sie erst mal die von meiner Mama sehen!"

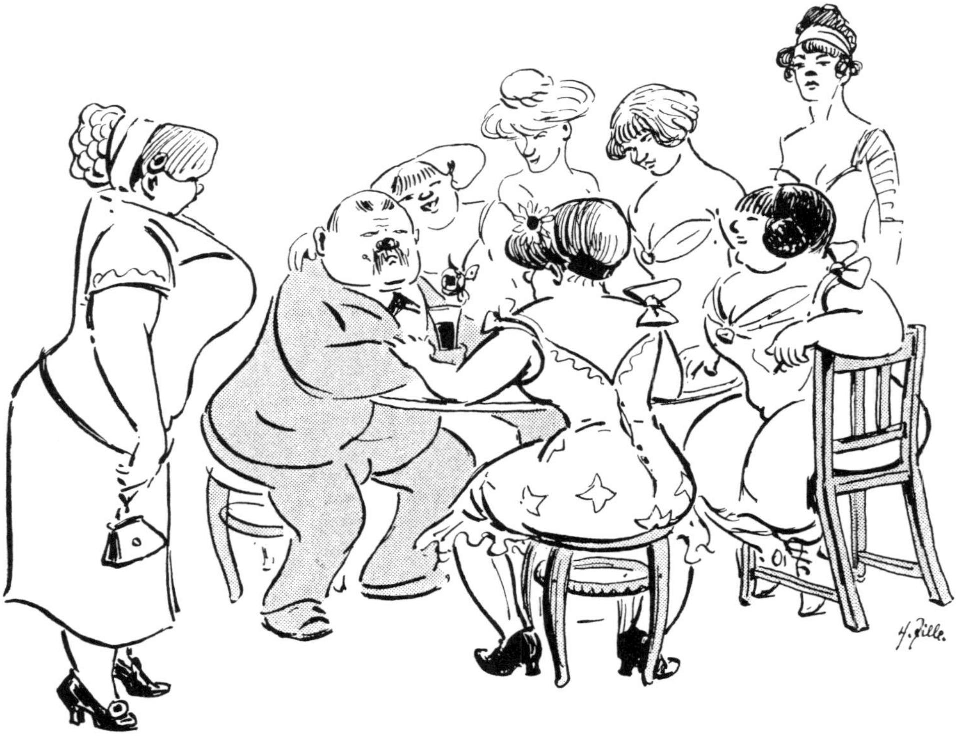

Im Tingel=Tangel.

„Zwee Jahre such ick meine Tochter. Sie is ooch uff de Bühne jejangen, dabei hab ick mir det Saufen anjewöhnt!"

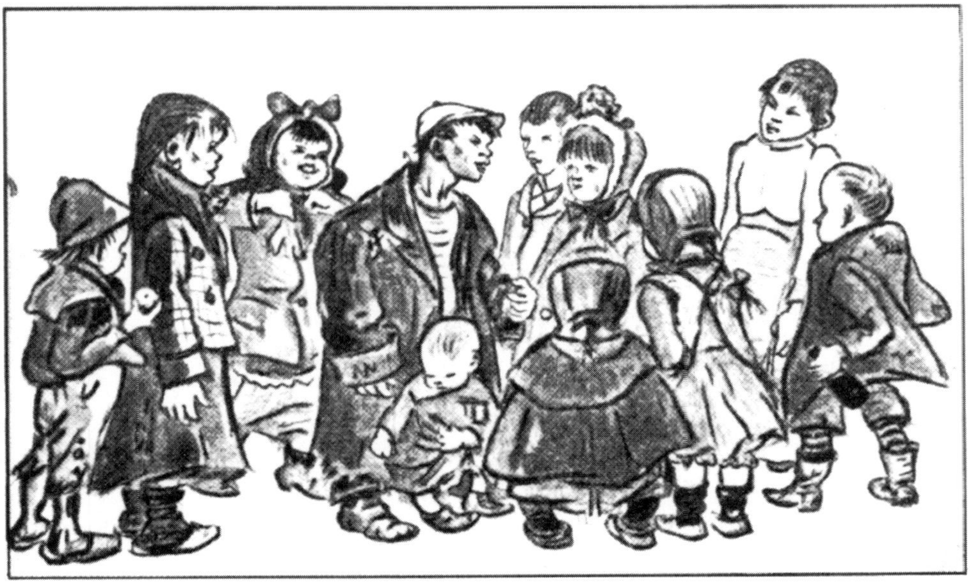

Aus Berlin.

„Jetzt spiel'n wir Friedrichstraße. Ihr müßt schrei'n die Sitte kommt und dann faß ick eich!"

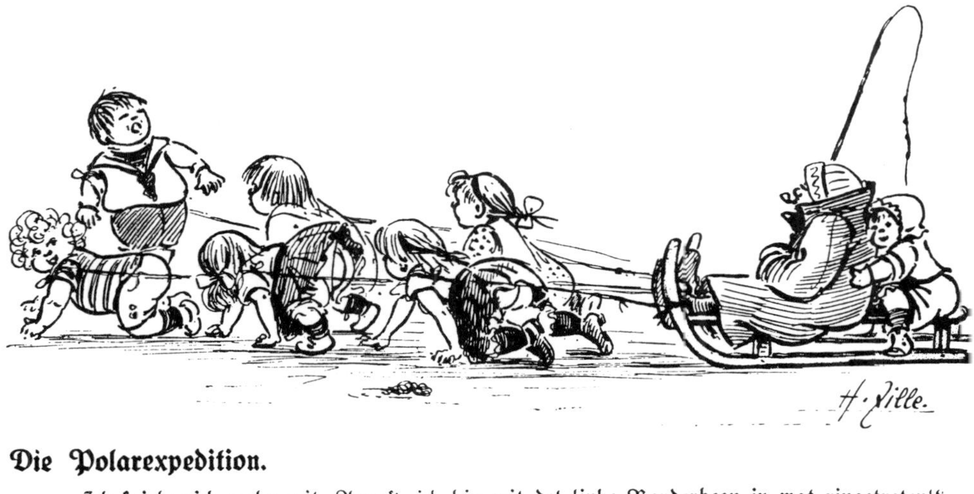

Die Polarexpedition.

„Ick spiele nich mehr mit, August, ick bin mit det linke Vorderbeen in wat ringetreten!"

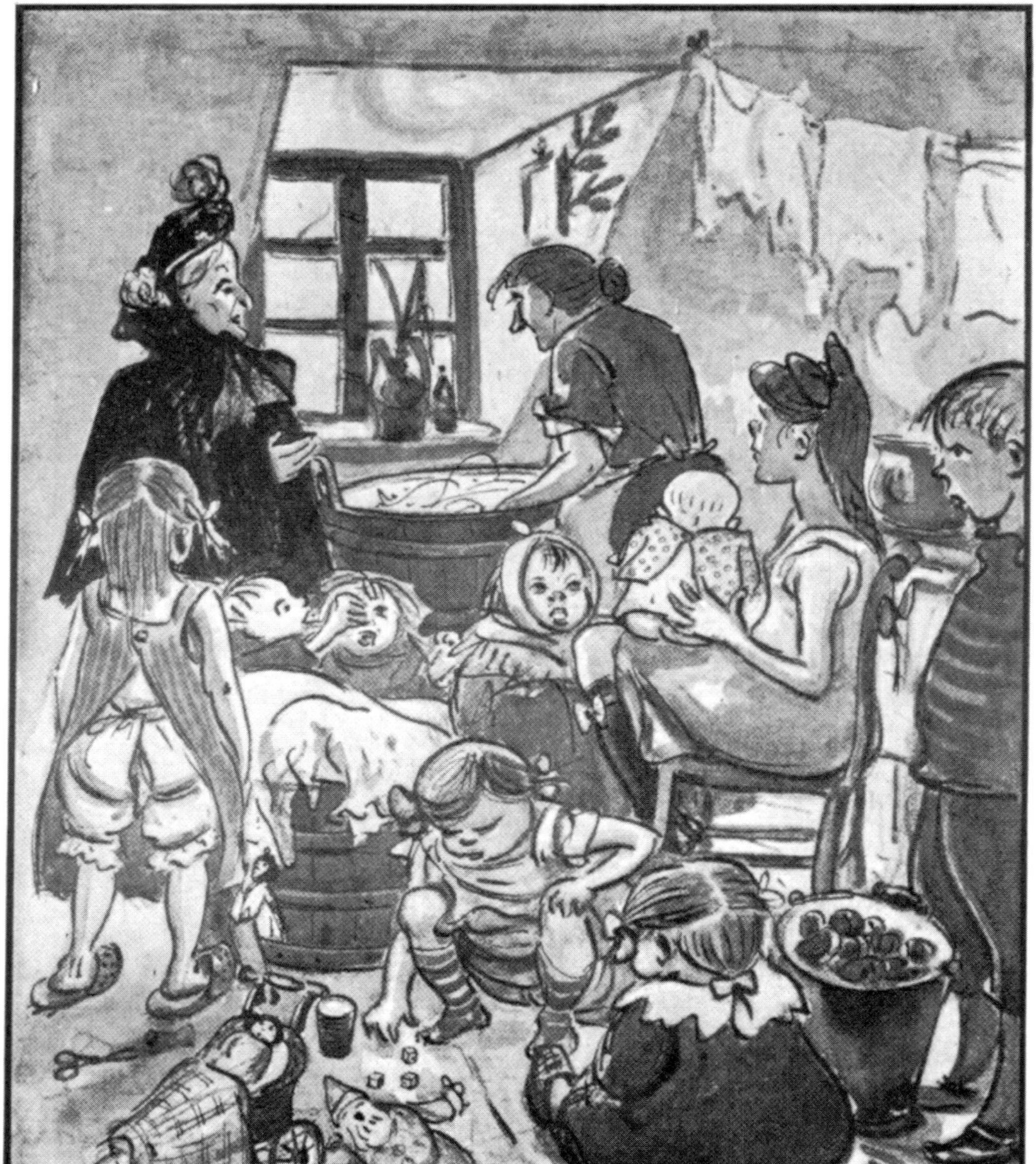

Stille Woche. (Zwischen Weihnachten und Neujahr.)

„Aber Frau! Sie waschen in der stillen Woche, das bringt Unglück, da kann Ihnen was sterben!
„„Schad' nischt, Frau Rat, wenn ens weniger wird, wir hab'n jenug!""

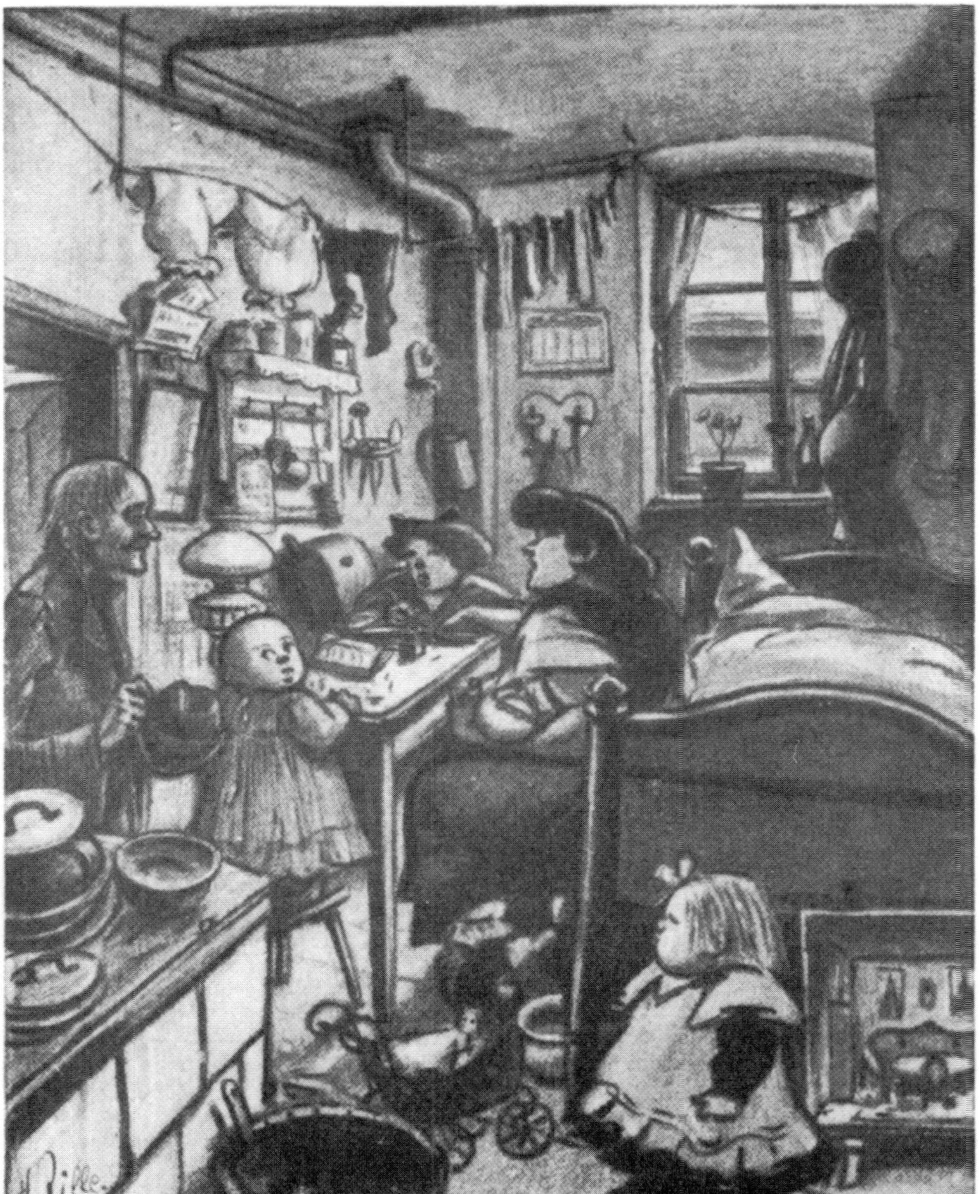

Schlafstelle zu vermieten.

„Die Schlafstelle is für een, der det Nachts arbeet und am Tage schläft; wir hab'n bloß det eene Bette!"

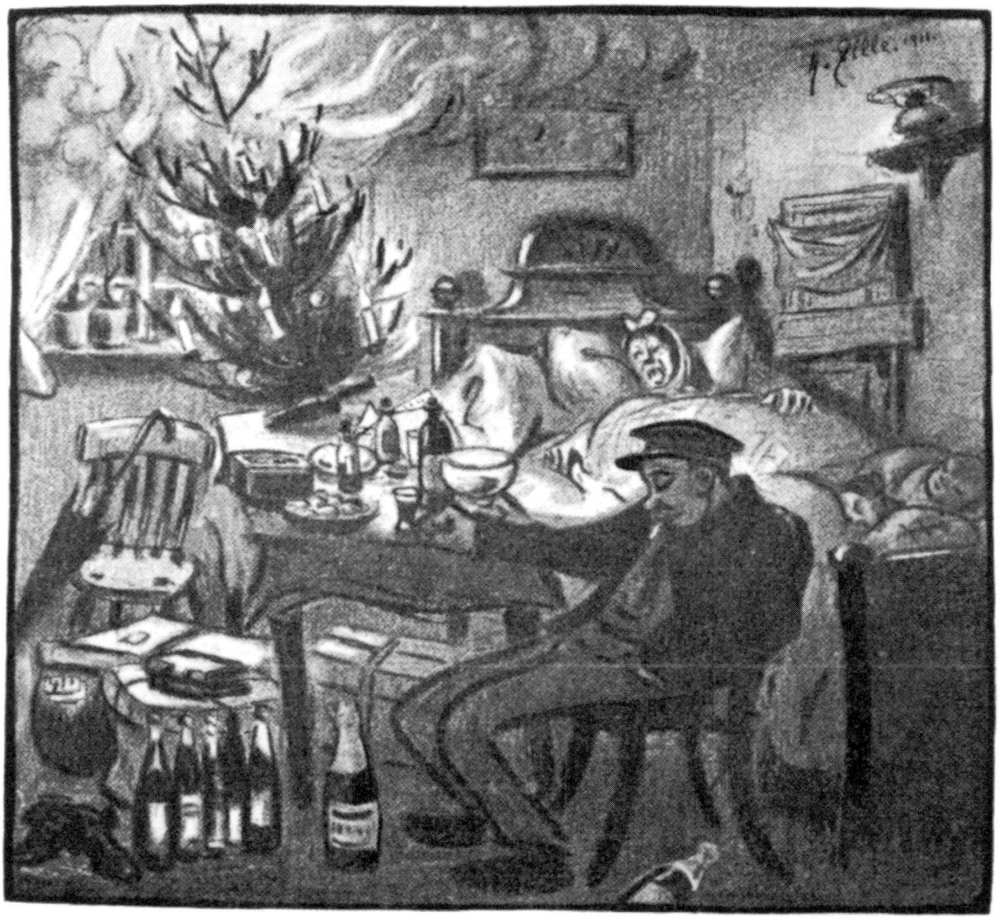

Klau-Maxes Bescherung.

„Mann, der Boom fällt um! Ach Jott, 's is man jut, det ick die Jardin nich mehr waschen konnte!“

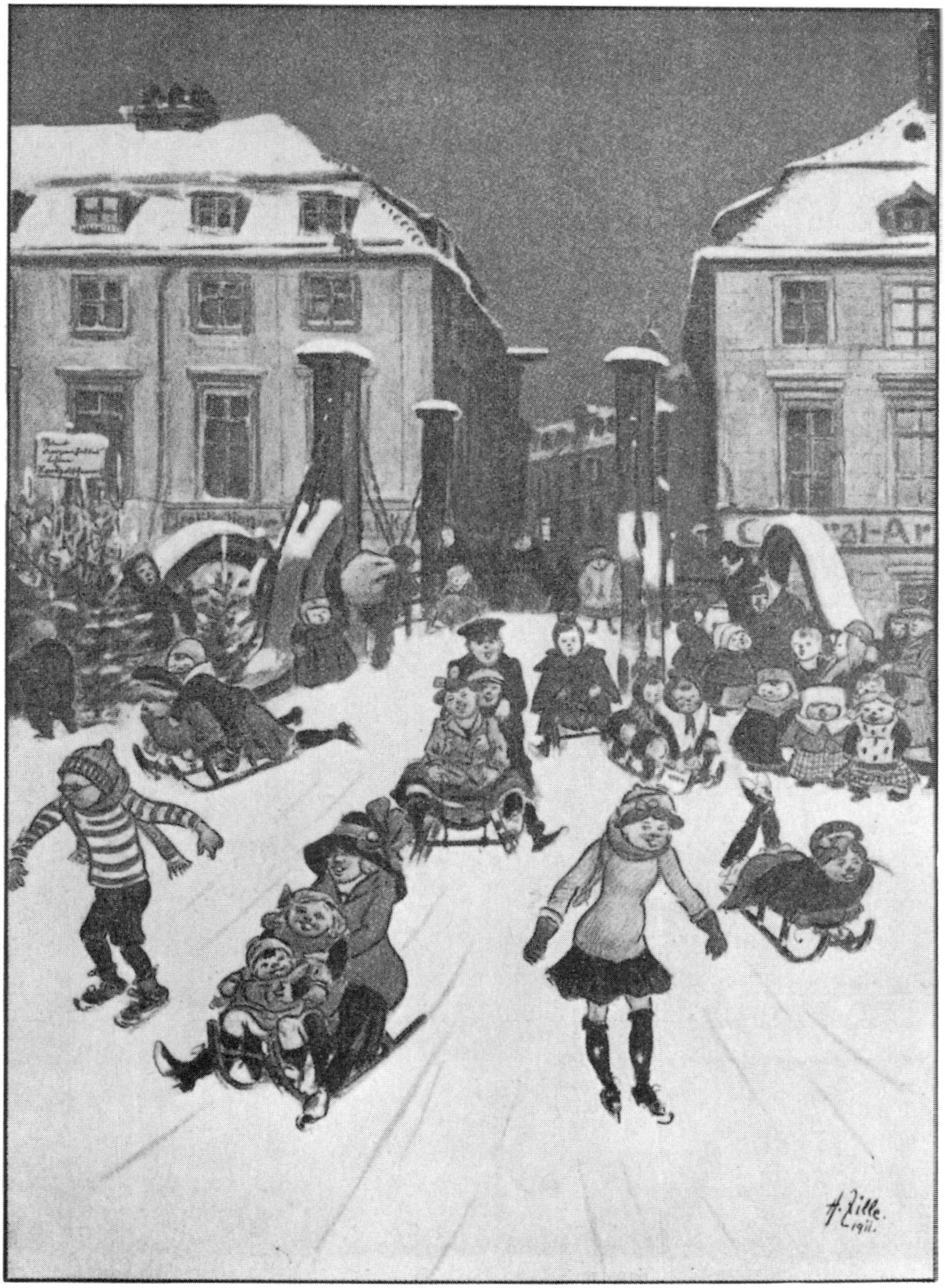

Sport an der Jungfernbrücke.

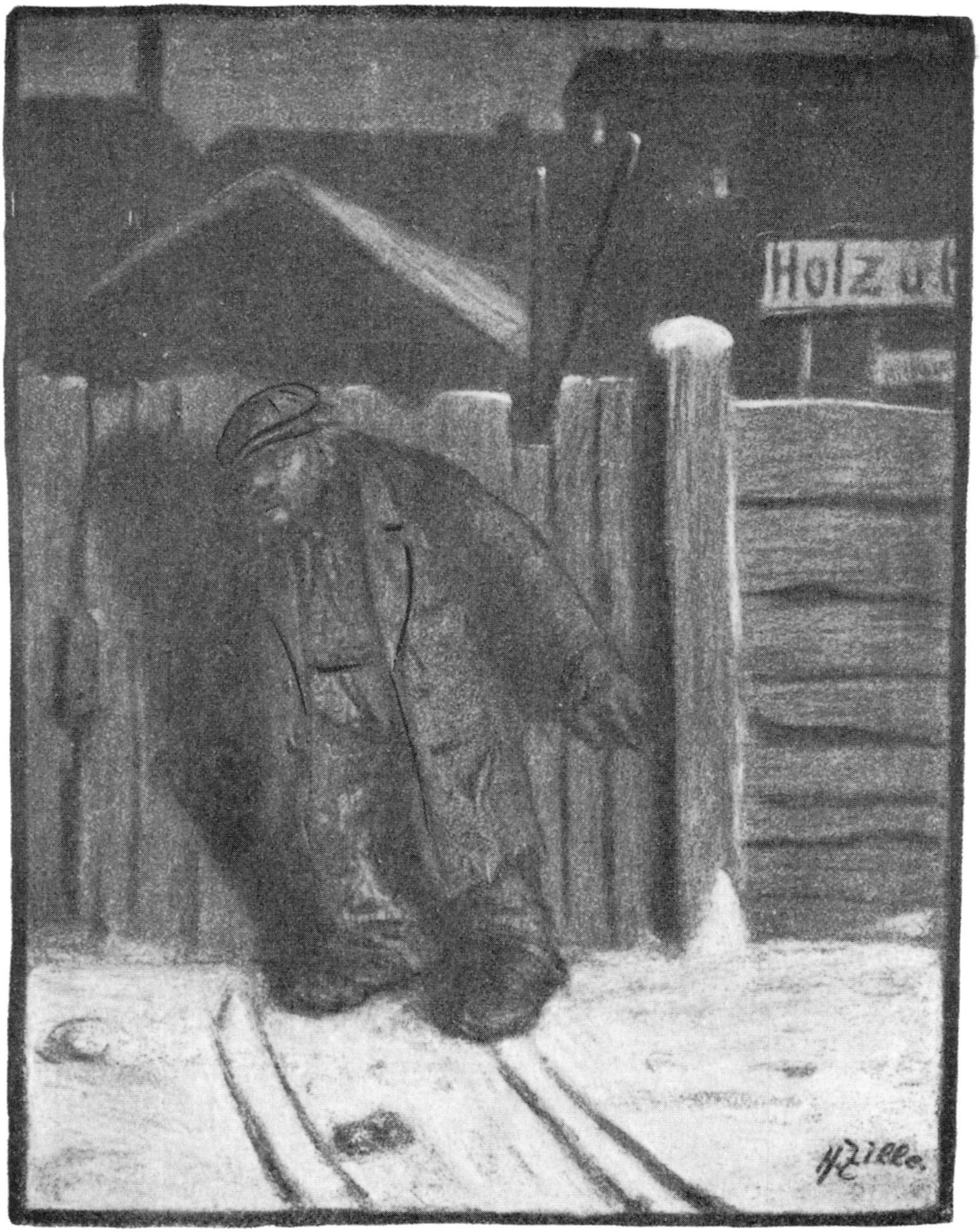

„Methyl."

„Der Bückling war jut. Bloß der Schnaps hatte so'n Beijeschmack nach Rosenlikör."

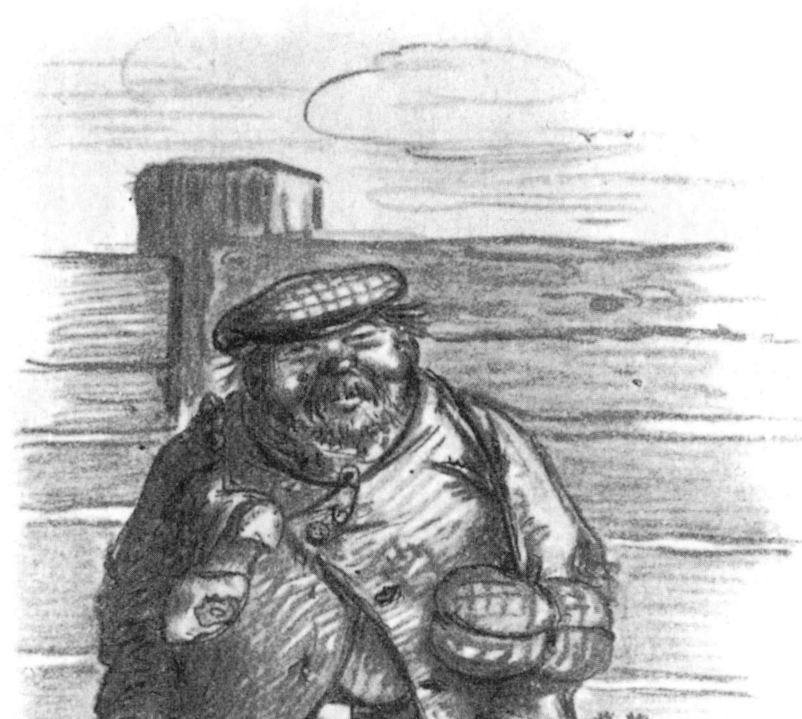

Schlechte Aussichten.

„Der Kaviar soll nu ooch teirer wer'n!“

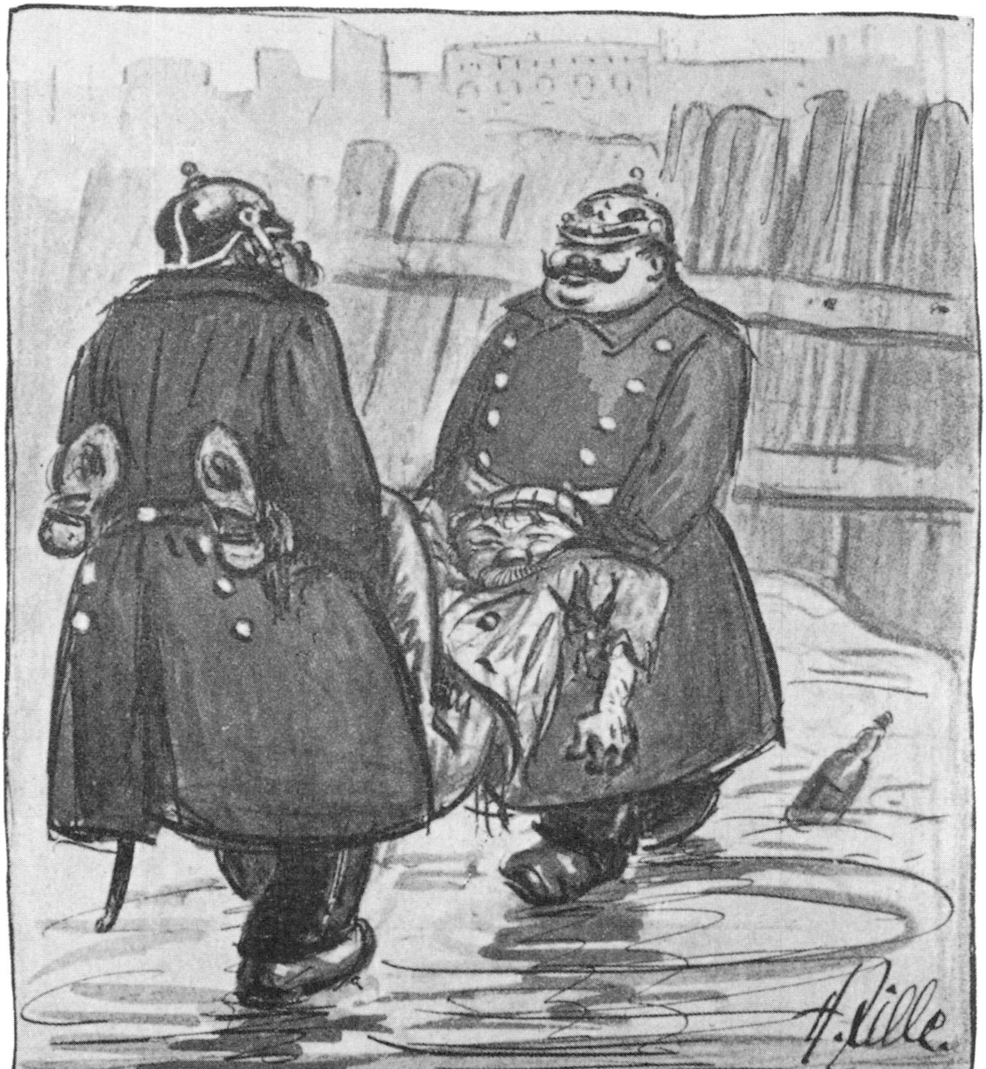

Beim Asyl.

„Kollege, der Kerl hat eene Schnapswärme, daß der Schnee jeschmolzen is!“

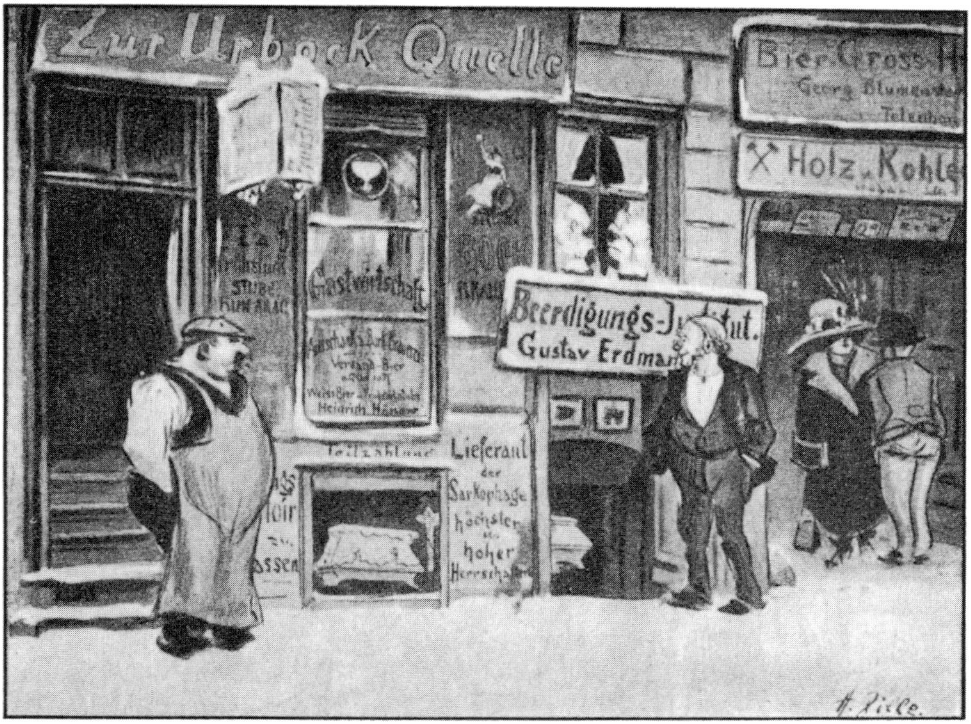

Am 3. Feiertag.

„Wie war dein Geschäft zu Weihnachten, Justav?“
„„Na, ick kann nich klagen!““

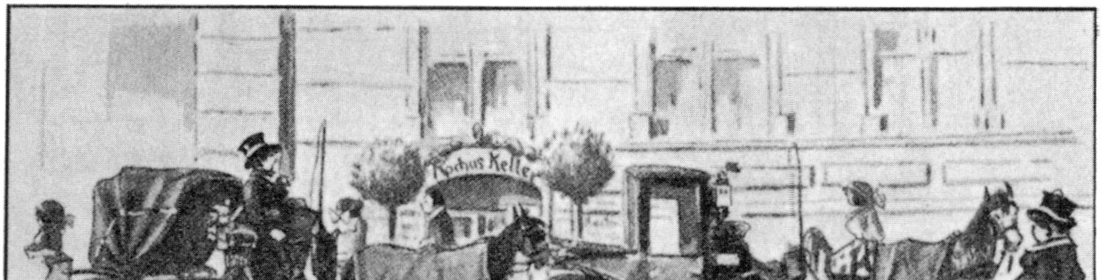

Berliner Droschkenkutscherin.

„Aber Lenchen, du sollst doch nich immer dein Kleid verlieren!“

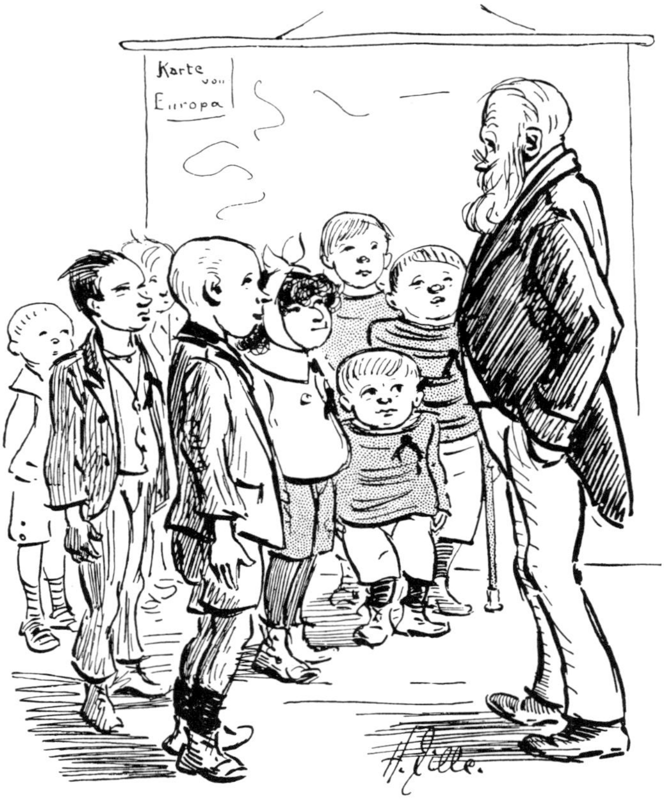

Aus der Gemeindeschule.

„Was habt ihr denn für Abzeichen an der Brust zu hängen?"

„„Wir gehören einer Vereinigung an, Herr Rektor, wir schlagen uns nicht!""

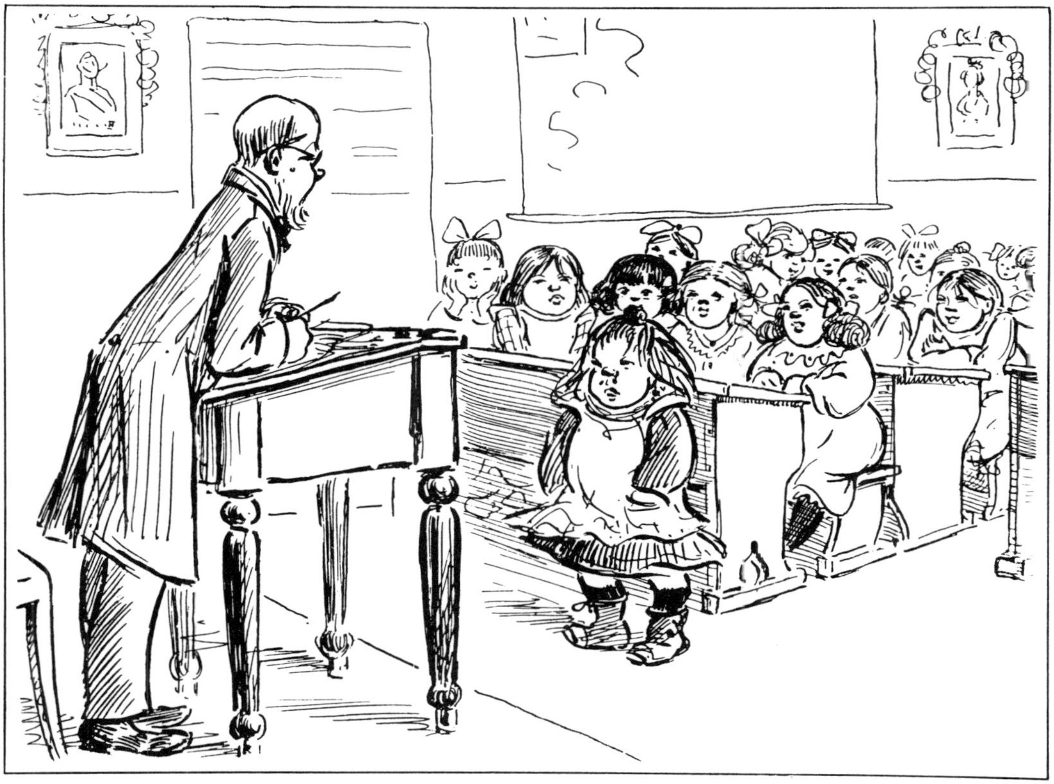

Die Lispel-Frida.

„Frida Meier, komm mal vor — du sprichst jetzt so leise und heiser, kannst du nicht anders?!"

Frida Meier (sehr leise und wichtig): Ich derf doch nich laut sind, Väter schläft an Tage, er is doch bei de Wach- und Schließgesellschaft!

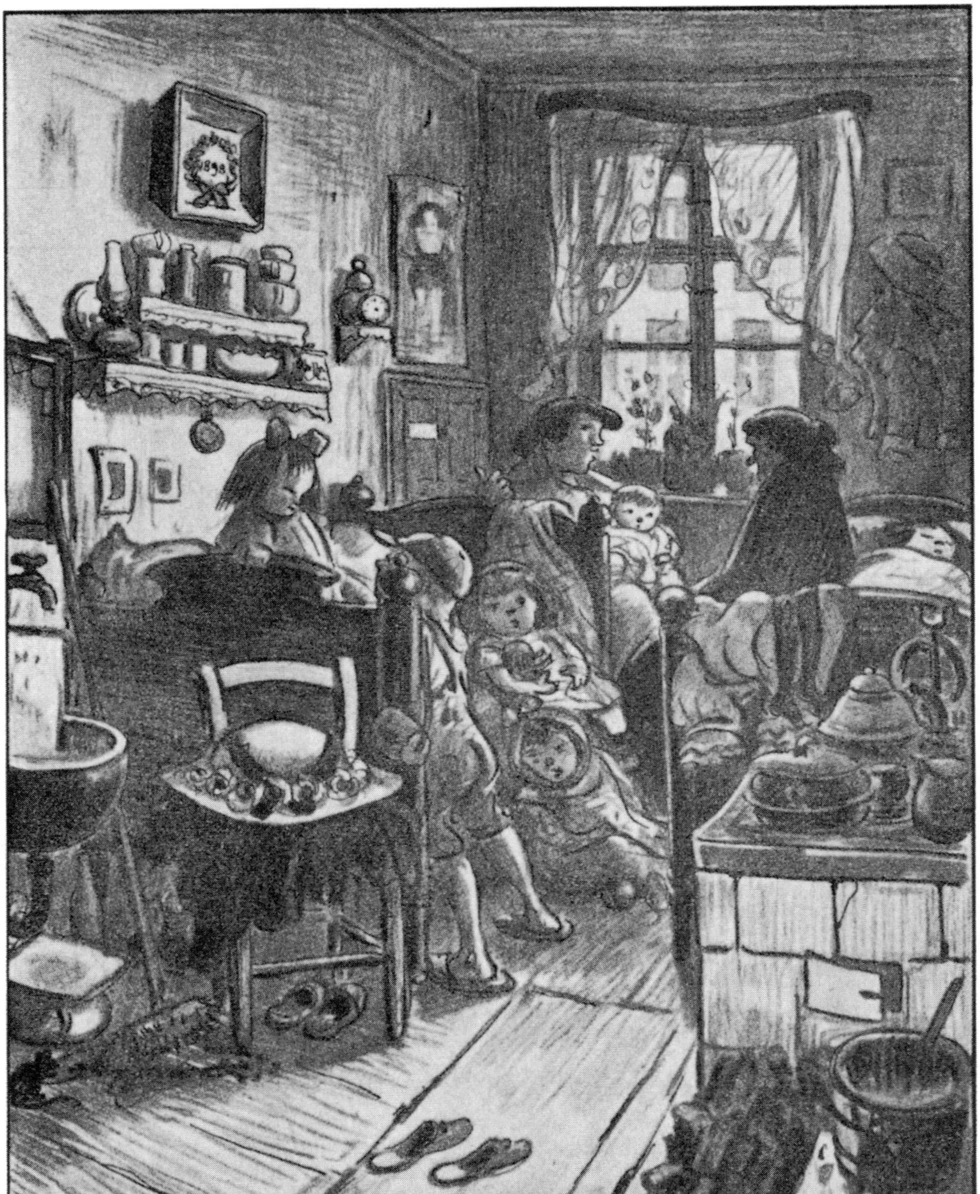

Aftermieter.

„Die Kambuse ohne Fenster hab'n se ooch vermiet?"
„„Na, bloß an een blinden Klavierspieler.""

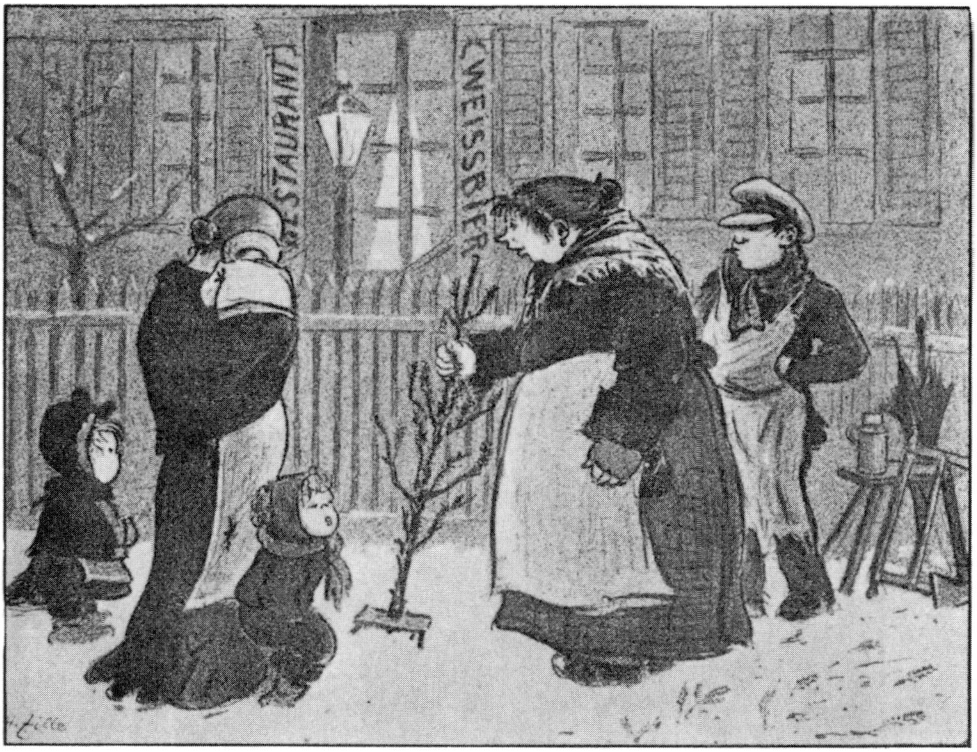

Heilig Abend.

„Det is doch en janz schener Boom! So'n finden Se in janzen Grunewald nich mehr! Da brauchen Se nischt ran zu häng'n, ooch macht er die Stube nich duster!"

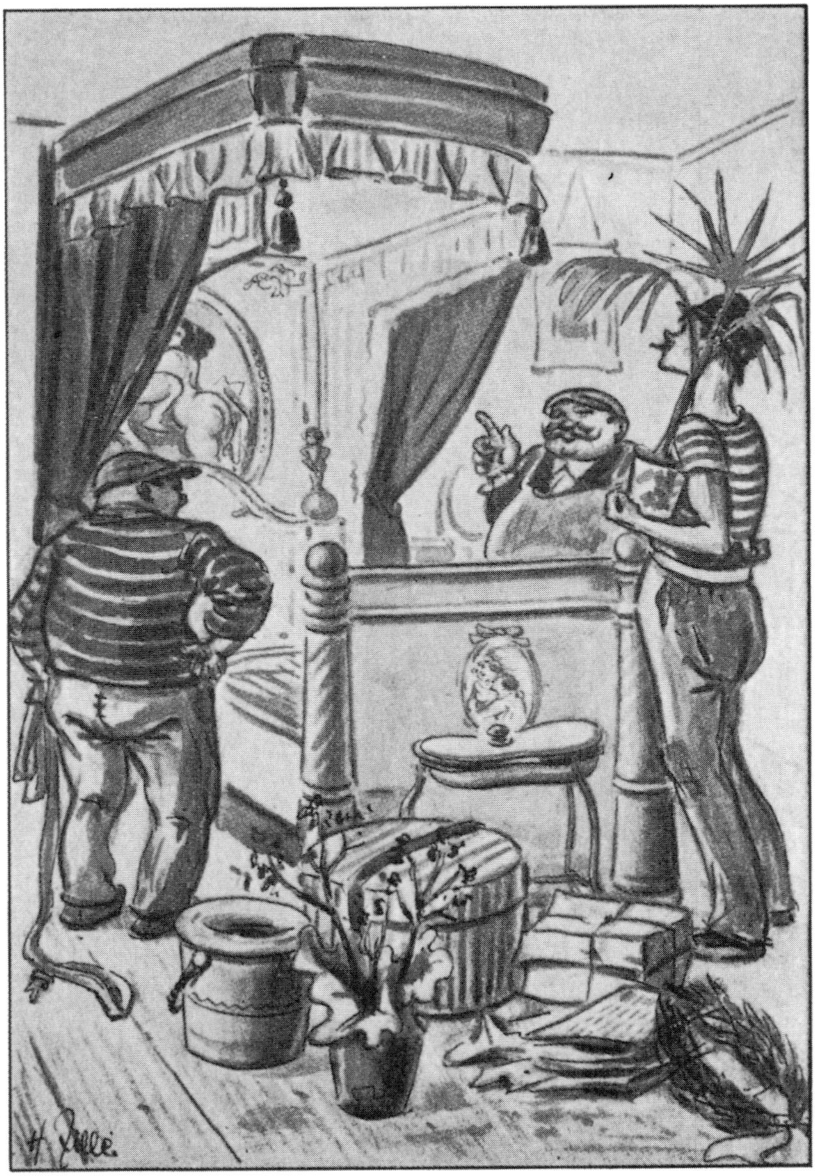

Beim Umzug.

„Fritze, wat is denn det for'n Gestelle von Bette?“

„„„Na, Mensch, een Himmelbette, wenn sich Lehmann mit seine Frau jezankt hat, schmeißt er die Olle oben ruff!““

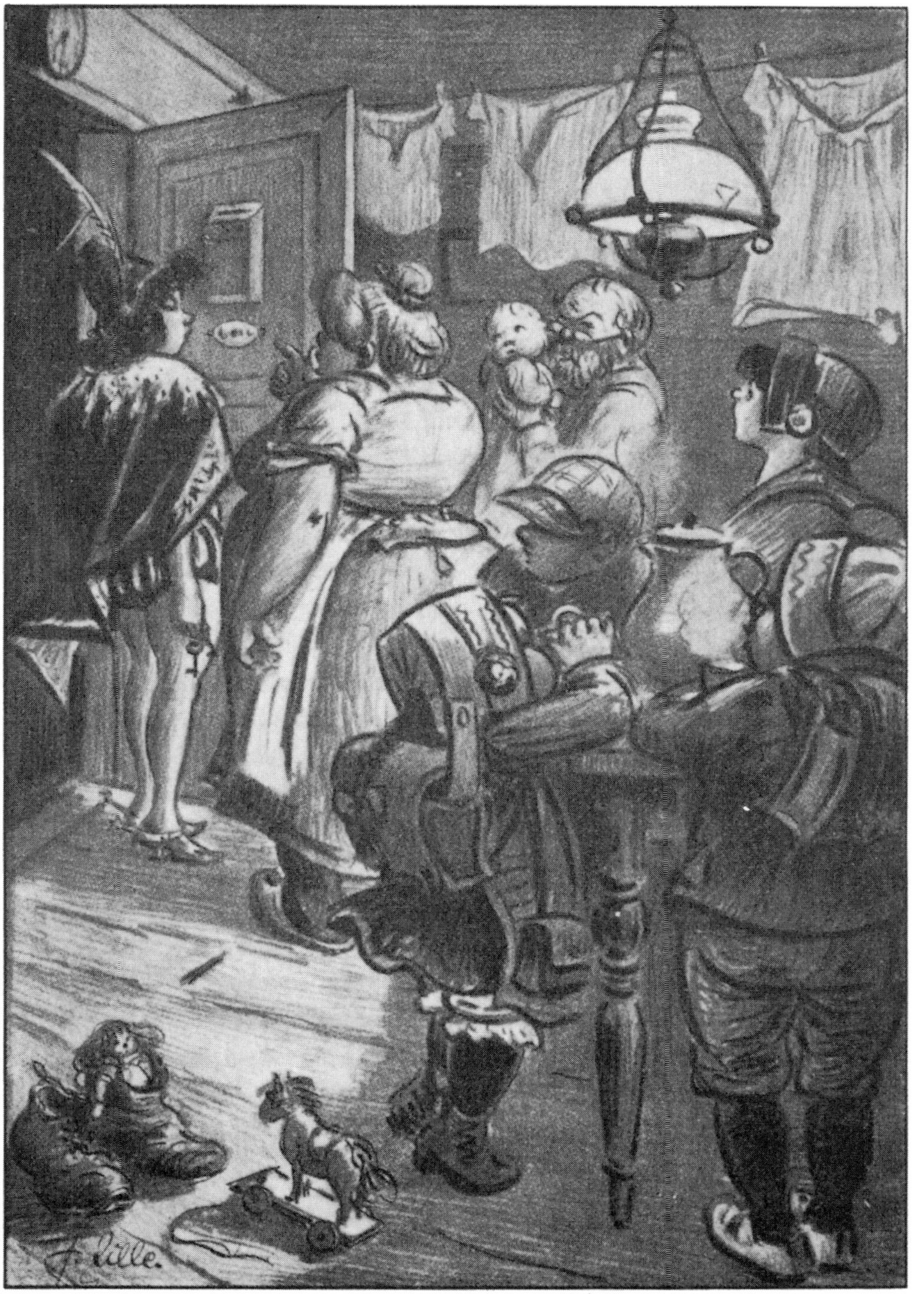

Aschermittwoch.

Nachwort

Vom großen Erfolg seines 1908 erschienenen Erstlings *Kinder der Straße* war wohl keiner mehr überrascht als Zille selbst. Bis 1913 waren an die zwanzigtausend Exemplare des so ganz ungewöhnlichen und jedes gewohnte Schema sprengenden Bilderbuches für Erwachsene verkauft. Somit bedeutete es kein sonderliches Risiko, Ende 1913 ein zweites Zille-„Klein-Quart-Album" vorzubereiten, das, mit dem Erscheinungsjahr 1914 versehen, noch vor Kriegsbeginn weitere Auflagen erleben sollte.
Die Dr. Eysler & Co. G. m. b. H. hatte das Zille-Geschäft auch durch einschlägige Künstlerhefte der *Lustigen Blätter* — „Berliner Rangen", 1908, und „Erholungsstunden", 1912, (wie sinnig war doch dieser Titel!), bei kleinem Feuer in Gang gehalten. Der Meister selber, inzwischen an den Beruf des freischaffenden Künstlers gewöhnt, hatte als Mitarbeiter der Lustigen Blätter, des Münchener Simplicissimus und des Berliner Ulk das Seinige dazu beigetragen und als Illustrator des 1910 erschienenen Sammelbandes „Berliner Witz in Wort und Bild" ein übriges getan. Mit zwei respektablen Wandgemälden im Stallmannschen Künstlerkeller nahe der Berliner Stadtmitte in der Jägerstraße seligen Gedenkens (1912; im Zweiten Weltkrieg wurde das Lokal zerstört) und mit dem Ölbild vom „Ausflug des Sparvereins Hoffnung nach Stralau" (1913) für Landré's Weißbierstuben zu Berlin-Schöneberg hatte Zille auch bewiesen, daß er kein Spielverderber war. Dies alles reichte hin, das Wetterleuchten am politischen Hori-

zont wenigstens zeitweise zuzudecken mit einer zweiten Zille-Sammlung, deren sozialanklägerische Härte auch ein werbendwehmütiges Vorwort des 1943 in Auschwitz umgekommenen Georg Borchardt (der sich Georg Hermann nannte und als Schilderer des Berliner Biedermeier in die Literaturgeschichte eingegangen ist) nicht ganz hinwegdeuteln konnte. Am ehesten paßte auf die zweite Sammlung, was ein Rezensent des „Hannoverschen Kuriers“ schon von den „Kindern der Straße“ gesagt hatte:

Ein Dokument Berliner Großstadtelends gibt es, von so grandioser, geradezu genialer, sozialer und künstlerischer Auffassung getragen, daß alle kleinlichen Einwände wie Blasphemie erscheinen müssen. Und das Größte: Auch bei Schilderung der extremsten Furchtbarkeiten bleibt Zille im Vortrag ein lächelnder Humor, eine untrübbare Freude am Witz zu eigen, die die derbe Wahrheit zwar nicht mildert, aber doch immer neben das Gewitter die Sonne setzt.

Lächelnder Humor — gewiß doch! Aber keiner der damaligen Publizisten wagte offen zu bekennen, was sie alle ganz genau wußten: daß Heinrich Zilles Zeichenkunst den Regierenden ein Armutszeugnis sondergleichen ausstellte. Mit seinem Lächeln deckte Zille seine harte Kritik zu, ja, machte er diese Kritik im ausgehenden wilhelminischen Zeitalter überhaupt erst möglich. Darin steckt der eigentliche Witz, den man ihm nachrühmte. Alles übrige, die Ideen und die Formulierungen unter den Bildern, entsprang einzig der großen Gabe, aufzuschnappen, was die von Zille geschilderten Menschen befähigte, zu überleben.

Genialer noch als jeder einzelne der 121 Beiträge des neuen Zille-Albums war der Titel-Einfall: *Mein Milljöh.* Er wurde noch in den ersten Kriegsjahren, entschieden aber erst in den ja nicht für jeden Berliner „goldenen“ Zwanzigern das Kennwort für alles, was Zilles begnadete Künstlerhand zwischen dem kühlen Abend und dem grauen Morgen, im Dämmerlicht der Höfe und der engen Gassen, in den

dunklen Ecken der Reichshauptstadt und im unberechenbaren Klima ihrer Rummelplätze und Freibäder skizzierte, notierte und, wie wir heute wissen, auch fotografierte* (Anm. siehe Seite 125), um es schwarz auf weiß, mitunter auch in farbiger Kreide oder eben als latentes Bild heimtragen zu können: ein in seinen Ausmaßen gestern wie heute unübersehbarer Vorrat; unübersehbar, weil ein beträchtlicher Teil davon im Zweiten Weltkrieg verlorenging, vieles unerreichbar geworden ist und mancherlei noch immer unausgewertet oder eifersüchtig gehütet in Sammlungen schlummert. Um so dankbarer sind wir für das, was der in seiner Unmittelbarkeit immer wieder bezaubernde skizzierte Rohstoff ad hoc hergegeben hat: die Dokumente un-menschlicher Kümmer-Existenz, ein unerhörtes Dennoch über allem Dreck und Gestank einstigen Weltstadt-Bodensatzes. Welch ein Glück — für die Zeitgenossen und für uns —, daß sich all dies auf der geduldigen ebenen Fläche des Papiers und gleichsam in abstracto wiederfindet. Nicht auszudenken, wenn Zille auch die dritte Dimension, die Nebengeräusche und die Gerüche seines Milljöhs, hätte aufzeichnen können. Aber nur wer es fertigbringt, beim Betrachten der Zille-Zeichnungen auch dies hinzuzudenken, wird beurteilen können, was in Wirklichkeit gemeint war und welch ein großes Herz dazu gehörte, diesem Milljöh ein ganzes langes Künstlerleben zu widmen.
Milljöh — nicht aber Milieu. Die „Neuen Bilder aus dem Berliner Leben" widerlegen und bestätigen zugleich, was der Pariser Kulturphilosoph Hippolyte Taine in der zweiten Hälfte des vorigen Jahrhunderts beweisen wollte: daß die Gesamtheit der natürlichen gesellschaftlichen und kulturellen Faktoren der Umwelt, die auf ein Lebewesen oder eine soziale Gruppe einwirken, mehr vermögen als das, was dem Einzelwesen in die Wiege gelegt wird. Zilles Künstlerschicksal spricht gegen die positivistische Lehre vom Milieu: Ohne das Erbteil, das ihm keiner streitig machen konnte, weder der Fingerdrill der Lithographenlehre noch — zehn Jahre nach Erscheinen des zweiten

Zille-Albums — die Entrüstung „seriöser" Kollegen vom hochgeachteten stolzen Lehrkörper der Preußischen Akademie der Künste, wäre er nicht aus seinem Proletariermilieu herausgewachsen. Zilles menschliche Entwicklung bestätigt die Theorie Taines: Ohne das Milieu seiner harten Jugendjahre hätte er nicht hingefunden zu dem, was seine große künstlerische Aufgabe wurde, *sein* Milljöh. Das französische Stichwort, das ihm lange vor der Jahrhundertwende in einem Arbeiterbildungsverein begegnet sein mochte, assimilierte der gebürtige Sachse so gründlich, wie nur ein (inzwischen) waschechter Berliner Fremdes sich zu eigen machen kann.

Sein Milljöh: die überfüllten Behausungen von Berlin N und Berlin O; die Wartezimmer bei der „Sitte" und in der Poliklinik; die Schlafburschenheime, Destillen, Bouillonkeller, Rummelplätze, Vergnügungsparks, Laubenkolonien, Freibäder und die dürftigen Sportgelegenheiten; die Kanäle und die Bretterverschläge; die Bettler, Angler, Friedhofsgänger, Straßenhändler, Streuner, Zuhälter, Säufer, Selbstmordkandidaten, Wasserleichen; die stillenden Mütter und die fleißigen Heimarbeiterinnen; die Mütterchen, die vielen Kinder und die Kinderbegräbnisse; das attraktiv aufgeputzte lose Mundwerk und die allerersten Starlets — sie haben reiche Freunde oder Hunger; sie haben ein Dach überm Kopf und ein Bett, das sie mit vielen teilen müssen oder auch nur eine Bank im Park zum Schlafen. Kaum zu glauben, daß man diese Inhalte unter dem Schlagwort amüsant unter die Leute zu bringen wagte. So etwas war im ausgehenden wilhelminischen Zeitalter und sogar noch in den Jahren der Zille-Bälle nach 1925 möglich. Heute stehen wir dem Milljöh frei von konventionellen Vorbehalten gegenüber als einer Welt, die einmal war und gottseidank in dieser Form nicht mehr ist.

Unerreichbar geworden sind auch die bibliographisch und kulturhistorisch so interessanten Erstdrucke der berühmten Zille-Alben von einst. Sie sind im Laufe der Zeit in mehr als hunderttausend Exemplaren

in alle Welt hinausgegangen. Doch stellen die Frühauflagen heute große Seltenheiten dar.
Die fotostatischen Nachdrucke des Fackelträger-Verlags erfüllen also ein echtes Bedürfnis. Dem Anfang 1966 erschienenen ersten Nachdruck *Kinder der Straße* folgt hier ein zweiter Band. Er wird sicher ebensoviele Freunde finden wie der erste und das Bedürfnis nach einer Fortsetzung wachrufen. Nun wäre das Album „Rund ums Freibad“ an der Reihe.

Hannover, im Mai 1967

Friedrich Bohne

* Mein Photo-Milljöh, hundertmal Alt-Berlin, aufgenommen von Heinrich Zille selber, vorgestellt von Friedrich Luft, Fackelträger-Verlag Schmidt-Küster GmbH, Hannover, 1967.

Fotostatischer Nachdruck der 1914
erschienenen Erstauflage.

Lizenzausgabe für KOMET Verlag GmbH, Köln
www.komet-verlag.de
Gesamtherstellung: KOMET Verlag GmbH, Köln
ISBN 3-89836-478-X